BUDGET-PLANUNG

STEPHEN BROOKSON

W0190981

Dorling Kindersley

Dorling **DK** Kindersley

Lektorat Adèle Hayward
Design Caroline Marklew
DTP-Design Jason Little
Herstellung Heather Hughes

Cheflektorat Stephanie Jackson
Chefbildlektorat Nigel Duffield

Die Deutsche Bibliothek – CIP-Einheitsaufnahme

Ein Titeldatensatz für diese Publikation ist bei
Der Deutschen Bibliothek erhältlich.

Titel der englischen Originalausgabe:
Managing Budgets

© Dorling Kindersley Limited, London, 2000
Text © Stephen Brookson, 2000

© der deutschsprachigen Ausgabe by Dorling
Kindersley Verlag GmbH, München, 2001
Alle deutschsprachigen Rechte vorbehalten

Übersetzung Tanja Güllicher
Redaktion Michael Holtmann, Tanja Eisenhardt
Satz Verlagsbüro Michael Holtmann, Bayreuth

ISBN 3-8310-0114-6

Besuchen Sie uns im Internet

www.dk.com

INHALT

BUDGETS ERSTELLEN

DAS BUDGET KONTROLLIEREN

EINLEITUNG

D en größten Erfolg haben Manager in der heutigen Geschäftswelt, wenn sie Budgets geschickt als Führungsinstrumente für ihre Abteilung und sich selbst einzusetzen wissen. Dieses Buch ist eine informative und praktische Einführung in die wesentlichen Fähigkeiten, die Sie brauchen, um exakte und nutzbringende Budgets zu erstellen. Die drei Hauptphasen der Budgetierung – Vorbereitung, Erstellung, Kontrolle – werden erklärt, damit Sie die Qualität Ihrer Budgets entscheidend verbessern können. Sie erhalten praktische Tipps, wie Sie Zahlenmaterial logisch hinterfragen und Prozesse sinnvoll kontrollieren. 101 im Text verteilte Tipps liefern weitere wichtige Informationen. Und zu guter Letzt können Sie anhand eines Tests Ihre Budgetierungskompetenz beurteilen und verbessern.

BUDGETIERUNG VERSTEHEN

Budgetierung ist die Vorbereitung, Erstellung und Kontrolle von Finanzbudgets. Sie ist ein essenzielles Führungsinstrument zur Planung und Überwachung von Abteilungen in einer Unternehmung.

WAS IST EIN BUDGET?

Ein Budget ist ein Plan für zukünftiges Handeln. Es kann auf unterschiedliche Weise erstellt werden, beschreibt aber in der Regel ein Gesamtunternehmen aus finanzieller Sicht. Ein Budget ist die Messlatte für die spätere Leistungsbeurteilung des Unternehmens.

Denken Sie daran: An der Planung zu sparen heißt, am falschen Ende zu sparen.

FÜHRUNGSQUALITÄTEN ▲

Als Manager müssen Sie in der Lage sein, Ihren Budgetbedarf überzeugend zu vermitteln.

DAS BUDGET – DEFINITION

Ein Budget ist die wertmäßige Darstellung der betrieblichen Planung für einen bestimmten Zeitraum, in der Regel das kommende Jahr. Oft wird angenommen, Budgets würden nur die geplanten Einnahmen und Ausgaben, die Gewinn- und Verlustrechnung, berücksichtigen und für jede Organisationseinheit nur das Einkommen, das sie erzielen soll, und den maximalen Finanzrahmen, über den sie verfügen kann, darstellen. In das Budget gehören aber auch die geplante Entwicklung der Aktiva und Passiva (Planbilanz) und die prognostizierten Kassenein- und -ausgänge (geplanter Cash Flow).

*Die über-
geordneten Aus-
gabensparten wer-
den in einzelne
Posten aufge-
schlüsselt, mit
klarer Definition
jedes Kosten-
punkts.*

*Die Gesamtsumme
der Ausgaben der
Abteilung für diese
Sparte wird berechnet
und fließt in die
Summe der Ausgaben
des gesamten
Unternehmens ein.*

MARKETINGABTEILUNG BUDGETJAHR 2		
AUSGABEN FÜR WERBUNG	SOLL JAHR 1	SOLL JAHR 2
Vorarbeit Prelaunch-Prospekt	110	100
Lancierung »XY« in Genf	60	52
TV-Offensive Anfang Jahr 2	700	680
Radiospots März Jahr 2	600	554
Zeitung (1/4 Seite im Monat)	70	63
Messestand Berlin	450	512
Incentive-Programm Verkauf	60	54
Mittel für nationalen Verband	80	90
Messestand Birmingham	40	44
Radiospots Mai Jahr 2	100	67
TV-Offensive Herbst Jahr 2	80	68
GESAMT	2350	2284

*Die Überschrift
benennt die
Abteilung und
den anstehenden
Budgetzeitraum.*

*Die für geplante
Ausgaben veran-
schlagten Beträge
stehen neben den
in der Vorperiode
tatsächlich ausge-
gebenen Beträgen.*

2 Sie müssen Ihr Unternehmen im Griff haben, nicht umgekehrt.

WICHTIGE FRAGEN

F Ist die Budgetierung in meinem Unternehmen schon seit langer Zeit erfolgreich?

F Gab es beim Budget für letztes Jahr besondere Probleme?

F Gibt es geschäftliche Besonderheiten, die Budgetprobleme verursachen könnten?

F Können bestimmte Manager besonders gut mit Budgets umgehen?

▲ EIN TYPISCHES BUDGET

Das Ausgabenbudget einer Marketingabteilung fürs nächste Jahr in Form einer Liste, die zeigt, für welche Tätigkeiten Mittel gebraucht werden und wie viel dafür im laufenden Jahr ausgegeben wurde.

BUDGETIERUNG IM UNTERNEHMEN

Der Einsatz von Budgets ist für die Planung und Kontrolle jedes Unternehmens von zentraler Bedeutung. Budgets tragen dazu bei, die Arbeit der Manager und Abteilungen zu koordinieren und ihre Ergebnisorientierung zu stärken. Budgets geben dem Abteilungsmanagement Verfügungsgewalt über die Ausgaben und setzen Zielwerte für die Einnahmen. Als Maßstab zur Bewertung der Aktivitäten sind Budgets auch ein zuverlässiges Instrument. So kann ein Unternehmen anhand von Budgets Informationen darüber gewinnen, wie es sich entwickelt und welcher Anpassungsbedarf sich aus dem Vergleich zwischen bestehendem Geschäftsplan und tatsächlicher Leistung ergibt.

WARUM BUDGETIEREN?

Budgets helfen einer Einzelperson, einer Abteilung und einer Unternehmung, geplante Ziele zu erreichen. Budgets tragen auch dazu bei, die finanzielle Situation des Unternehmens gegenüber bestimmten Gruppen zu verdeutlichen.

3 Setzen Sie Budgets gezielt ein, und sie werden ein Schlüssel zum Erfolg.

WAS IST IHRE VERANTWORTUNG?

Budgetierungssysteme sind zwar in größeren Unternehmungen mit ausgefeiltem Management üblicher, aber deswegen ist Budgetierung für kleinere Unternehmen nicht minder sinnvoll. Sie müssen sich bewusst werden, welche Verantwortung Sie persönlich und Ihre Abteilung gegenüber dem Unternehmen haben, und dementsprechend budgetieren. Die Qualität eines Budgets kann nur so hoch sein wie die Qualität der Arbeit der Personen, die es aufstellen.

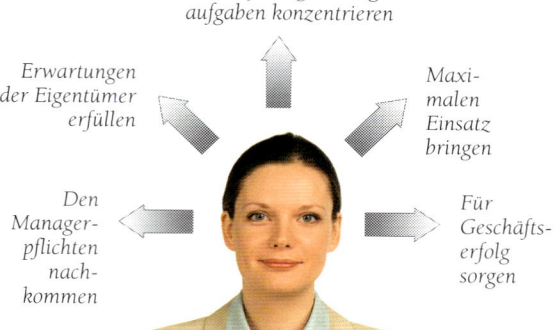

Sich auf Budgetierungs-aufgaben konzentrieren

Erwartungen der Eigentümer erfüllen

Maximalen Einsatz bringen

Den Manager-pflichten nach-kommen

Für Geschäfts-erfolg sorgen

▲ **BUDGETIERUNGSVERANTWORTUNG**
So wie Budgets einer Reihe von Zielen dienen, müssen Sie als Manager auch bereit sein, im Rahmen des Budgetierungspro-zesses eine Reihe von Verantwortlichkeiten zu übernehmen.

4 Definieren Sie die Rolle und Tragweite Ihres Budgets mit Blick auf das Unternehmen als Ganzes.

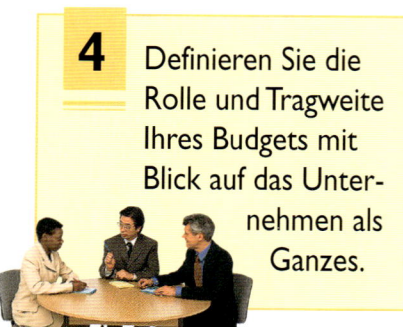

ROLLE DER BUDGETIERUNG

Die Budgetierung schafft den Rahmen, in dem der Einzelne, die Abteilung und das Gesamtunternehmen agieren. Budgets sind ein Ansporn, vorauszuschauen und zu planen. Hierbei hilft ein standardisierter Kalender, mit dem Sie ihre Ziele wirksamer vermitteln können. Detailbudgets zu entwerfen und abzugleichen kann dazu beitragen, die Mitarbeiter zu koordinieren und zu motivieren. Budgets liefern auch die Kerndaten zur strukturierten Bewertung eines Unternehmens.

DIE SECHS HAUPTZIELE DER BUDGETIERUNG

ZIEL	DEFINITION
PLANUNG	Systematische und logische Unterstützung der Unternehmensplanung im Sinne der langfristigen Unternehmensstrategie
KOORDINIERUNG	Beitrag zur Koordinierung der Tätigkeiten der verschiedenen Unternehmensbereiche und zur Sicherstellung der komplementären Zusammenarbeit
KOMMUNIKATION	Verbesserung der Kommunikation mit den verschiedenen Gruppenleitern bezüglich der Ziele, Möglichkeiten und Pläne des Unternehmens
MOTIVATION	Erhöhung der Motivation der Manager, die Unternehmens- und die persönlichen Ziele zu erreichen
KONTROLLE	Bessere Kontrolle über die Tätigkeiten, indem Fortschritte am ursprünglichen Plan gemessen werden, der dann gegebenenfalls angepasst wird
BEURTEILUNG	Bereitstellung eines Bezugsrahmens für die Leistungsbeurteilung der Manager bei der Umsetzung ihrer persönlichen und Abteilungsziele

5 Denken Sie daran: Budgetplanung und -kontrolle gehen Hand in Hand.

6 Planen Sie Ihr Handeln, statt nur auf Veränderungen zu reagieren.

ABWÄGUNG DER NACHTEILE

Ein sorgfältig erstelltes und effizientes Budget bringt einem Unternehmen vielerlei Nutzen, aber es hat auch seine Kehrseiten. Wägen Sie selbst die Nachteile der Budgetierung gegen die zahlreichen Vorteile ab:

● Budgets bedeuten Schreibarbeit und sie rauben dem Manager Zeit, insbesondere dem Neuling.
● Budgets sind ein langsames Arbeitsinstrument, den Erfolg sieht man erst im folgenden Jahr.
● Budgets erfordern Standardisierung und die kann zu strukturellen Erstarrungen führen.
● Budgets können bei Managern, die wenig innovativ eingestellt sind, auf Widerstand stoßen.

BUDGETIERUNG UND UNTERNEHMENSSTRATEGIE

Der Budgetierungsprozess ist auf relativ kurze Zeit ausgelegt und bildet nur einen Teil der Gesamtstrategie. Er liefert eine Vorgehenstaktik bei der Durchführung der von der oberen Führungsebene vorgegebenen Programme und Tätigkeiten.

7 Blicken Sie in Ihrer Finanzplanung nach vorn und nicht zurück.

8 Sorgen Sie dafür, dass Ihr Unternehmen klare, gut durchdachte langfristige Strategien hat.

UNTERNEHMENSSTRATEGIEN VERSTEHEN

Eine Unternehmensstrategie ist eine Vision davon, wo das Unternehmen in drei oder fünf Jahren stehen soll. Dazu gehört auch, übergeordnete Zielsetzungen zu benennen und bestehenden Handlungsbedarf aufzuzeigen. Dies kann anhand einer SWOT-Analyse des Umfelds und der Ressourcen eines Unternehmens geschehen. SWOT steht für strengths, weaknesses, opportunities, threats. Eine SWOT-Analyse ist somit eine Bewertung der Stärken, Schwächen, Chancen und Risiken.

AUSARBEITUNG DES GESCHÄFTSPLANS

Während für die langfristige Unternehmensplanung ein strategischer Plan erstellt wird, folgt die kurzfristige Planung dem Geschäftsplan – was muss das Unternehmen in der nahen Zukunft tun, um die Durchführung der strategischen Planung zu ermöglichen? Hierzu braucht man geeignete Planungsverfahren, um festzustellen, welche Maßnahmen wann ergriffen werden müssen, und Kontrollmechanismen, die gewährleisten, dass die prognostizierten Ergebnisse tatsächlich erzielt werden.

DAS IST ZU TUN

1. Strategieplan untersuchen
2. SWOT-Analyse betrachten
3. Weitere Unternehmensanalysen auswerten
4. Geschäftsplan überarbeiten
5. Budget in den Gesamtzusammenhang der Unternehmenstätigkeit einordnen

BUDGETS ALS TAKTISCHES INSTRUMENT EINSETZEN

Die Budgetierung ist die taktisch operationale Version des Geschäftsplans. Sie ist Teil sowohl des Planungs- als auch des Kontrollprozesses. Die Unternehmensleitung trifft die strategischen Entscheidungen, die der Verwirklichung der Unternehmensziele am zuträglichsten sind, und entwickelt langfristige Pläne für die Durchführung dieser Strategie. Sie können nun diese weit reichenden Pläne in einen konkret wertmäßig ausgedrückten Jahresbetriebsplan für Ihre Abteilung umsetzen. Nutzen Sie Budgets als Messlatte für die tatsächlichen Ergebnisse, indem Sie interne Finanzberichte heranziehen, so genannte Informationspakete für das entscheidungsorientierte Rechnungswesen. Ein solches Paket besteht aus Gewinn- und Verlustrechnungen, Bilanzen und Cash-Flow-Rechnungen und zeigt somit die Realität im Vergleich zur Planung.

9 Berücksichtigen Sie die Trends auf den Märkten Ihrer Produkte.

10 Nutzen Sie Budgets als Erfolgsmaßstab und Verfügungsberechtigung.

PLANUNGS- UND KONTROLLPROZESS IM UNTERNEHMEN

PHASE	WAS ZU TUN IST
KURZFRISTIGE PLANUNG	❊ Betriebspläne und -programme ausarbeiten ❊ Jahresfinanzpläne aufstellen ❊ Auf Marktänderungen reagieren ❊ Kontinuierlich die Gültigkeit der Pläne überprüfen
LANGFRISTIGE PLANUNG	❊ Unternehmensziele definieren ❊ Strategie-, Markt- und Produktoptionen auswerten ❊ Stärken und Schwächen des Unternehmens analysieren ❊ Finanz-, Kapital- und Personalbedarf feststellen
KONTROLLE	❊ Managementberichte ausarbeiten ❊ Abweichungen vom Plan bewerten ❊ Vorgehen gegen Abweichungen definieren ❊ Wirksame Korrekturen durchführen

KONTINUIERLICHE BUDGETIERUNG IN ZYKLEN

Ein weit verbreiteter Irrglaube besagt, die jährliche Budgetierung sei eine Art Feuerwerk: Man leistet einige Vorarbeit, dann gibt es einen Knall, und das war es. Dann wird alles wieder verstaut bis zum nächsten Jahr. Die Realität sieht ganz anders aus: Budgetierung erfordert die kontinuierliche, parallele Pflege von geplanten und tatsächlichen Kennzahlen aus mehreren Geschäftsjahren. In jedem Monat des Jahres ist im Unternehmen etwas für das Budget zu tun. Diese Tätigkeit kann sich auf unterschiedliche Jahre beziehen – auf das vergangene, laufende, kommende oder ein noch späteres Jahr; und sie kann unterschiedlicher Art sein – Budgetvorbereitung, Budgetkontrolle, Prognosenkorrektur, Ausarbeitung der Bilanzergebnisse oder längerfristige Zukunftsprognosen.

11 Machen Sie Ihre Budgetierung zu einem kontinuierlichen Prozess.

12 Legen Sie Budgetaufgaben in Zeiten geringer wirtschaftlicher Aktivität.

NICHT VERGESSEN

◈ Budgetierungstätigkeiten können sich auf dieses, nächstes oder ein späteres Jahr beziehen.

◈ Budgetierungstätigkeiten wiederholen sich, z. B. jährlich, und sollten daher nicht unvorbereitet getroffen werden.

◈ Realistische Planung hilft Ihnen, Budgetierungsaufgaben in logischer Reihenfolge auszuführen.

13 Planen Sie die Budgetierung zeitlich locker genug, um die Arbeit gut und gründlich machen zu können.

KULTURELLE UNTERSCHIEDE

In den meisten europäischen Ländern gilt die Budgetierung als unverzichtbares Führungsinstrument, ohne das ein Unternehmen nicht überleben kann. In den USA und einigen skandinavischen Ländern hingegen werden Budgets immer mehr als Fesseln betrachtet, die wenig zum Florieren des Unternehmens beitragen. In diesen Ländern wird es als wenig sinnvoll angesehen, sich nach Zahlen zu richten, die wenig mit den tatsächlichen Ergebnissen aus der sich verändernden wirklichen Welt zu tun haben. Viele der in diesen Ländern verwendeten Alternativen zur Budgetierung wählen einen ganzheitlicheren Ansatz, so z. B. das Balanced-Scorecard-Modell, in dem nicht nur die finanzielle Seite, sondern alle Aspekte eines Unternehmens betrachtet werden.

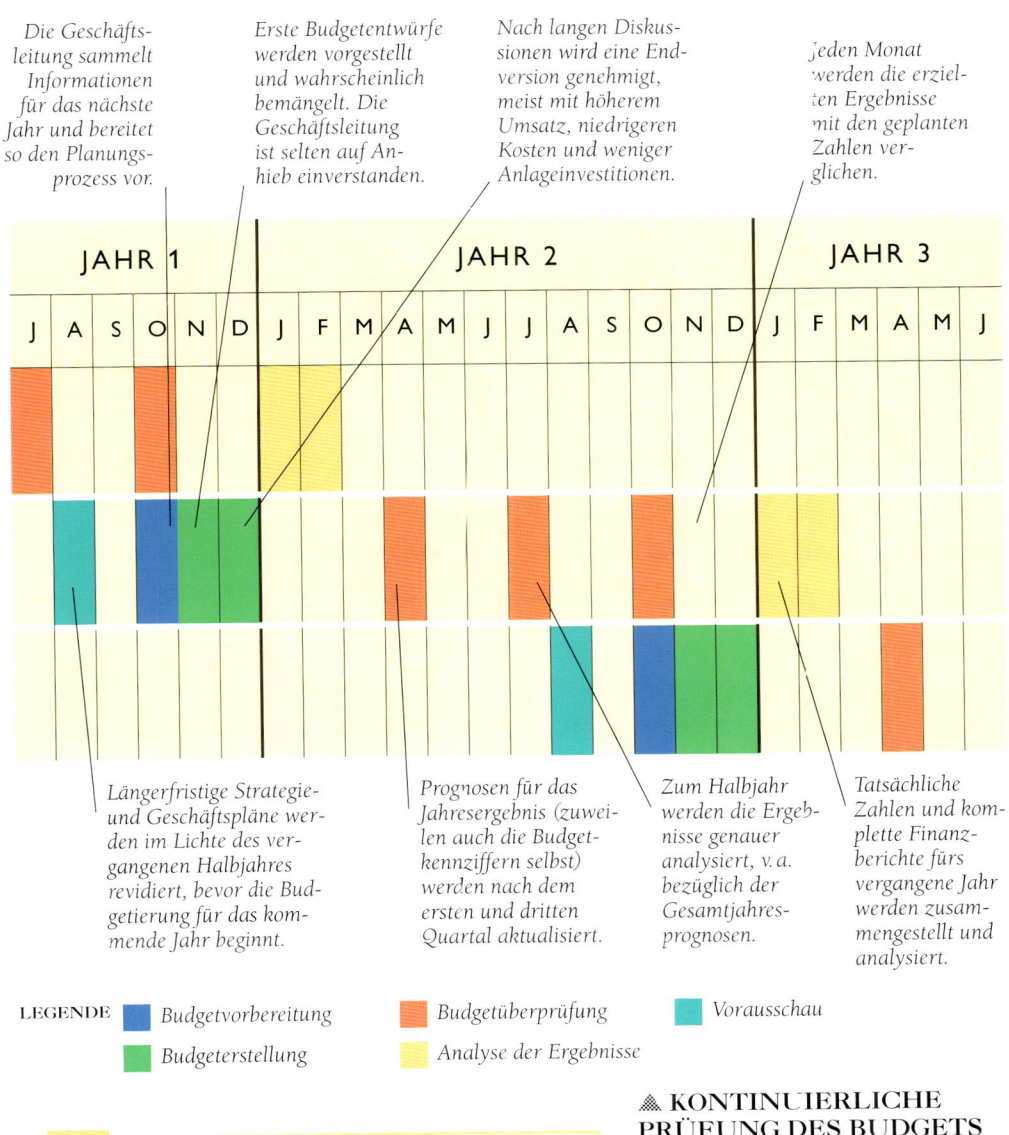

Die Geschäftsleitung sammelt Informationen für das nächste Jahr und bereitet so den Planungsprozess vor.

Erste Budgetentwürfe werden vorgestellt und wahrscheinlich bemängelt. Die Geschäftsleitung ist selten auf Anhieb einverstanden.

Nach langen Diskussionen wird eine Endversion genehmigt, meist mit höherem Umsatz, niedrigeren Kosten und weniger Anlageinvestitionen.

Jeden Monat werden die erzielten Ergebnisse mit den geplanten Zahlen verglichen.

JAHR 1 **JAHR 2** **JAHR 3**

J A S O N D J F M A M J J A S O N D J F M A M J

Längerfristige Strategie- und Geschäftspläne werden im Lichte des vergangenen Halbjahres revidiert, bevor die Budgetierung für das kommende Jahr beginnt.

Prognosen für das Jahresergebnis (zuweilen auch die Budgetkennziffern selbst) werden nach dem ersten und dritten Quartal aktualisiert.

Zum Halbjahr werden die Ergebnisse genauer analysiert, v. a. bezüglich der Gesamtjahresprognosen.

Tatsächliche Zahlen und komplette Finanzberichte fürs vergangene Jahr werden zusammengestellt und analysiert.

LEGENDE ■ Budgetvorbereitung ■ Budgetüberprüfung ■ Vorausschau

■ Budgeterstellung ■ Analyse der Ergebnisse

14 Erwägen Sie auch den Einsatz anderer Planungsinstrumente für Ihr Unternehmen, zusätzlich zu Budgets.

▲ KONTINUIERLICHE PRÜFUNG DES BUDGETS

Budgetierung ist ein kontinuierlicher Prozess. Im Laufe einer Budgetperiode von 18 Monaten werden in jedem Geschäftsjahr (jeder Zeile) die gleichen Aufgaben ausgeführt. Jeden Monat verlangt ein Aspekt der Budgetierung besondere Beachtung.

DEN BUDGETIERUNGS-PROZESS LEITEN

Die Budgetierung ist Teil des strukturierten Planungs- und Kontrollsystems. Auch für den Budgetierungsprozess selbst gibt es ein strukturiertes System. Das Vorgehen nach einem bestimmten Modell ist für die konsistente Durchführung von größter Bedeutung.

15 Machen Sie sich klar, welche Schritte Sie für jede Etappe planen.

16 Planen Sie immer, auch wenn die Zukunft ungewiss ist.

17 Stimmen Sie Ihr Budget mit dem anderer Bereiche ab.

DAS MODELL ANPASSEN

Budgetierung ist zu wichtig, um dabei Fehler zu machen. Versuchen Sie, gleich Ihr erstes Budget so treffend wie möglich zu gestalten. Ein Modell als Orientierung hilft, auch als Neuling keine Fehler zu machen. Es ist keine Erfolgsgarantie, aber das Endprodukt wird deutlich besser ausfallen. Wie bei allen Modellen müssen Sie Anpassungen vornehmen, damit der Budgetierungsprozess zu Ihrer Abteilung und Umgebung passt. Wenn ein Teil des Modells für Ihr Unternehmen irrelevant ist, wenden Sie ihn nicht an!

PLANUNG FÜR EINE UNGEWISSE ZUKUNFT

Die Zukunft ist ungewiss, warum also versuchen, sie treffend vorherzusagen? Viele sagen, gerade ihre Branche sei so unsicher, dass Budgetierung nicht machbar sei. Dabei lassen sich immer Gegenbeispiele aus der Branche finden, wo erfolgreich budgetiert wird. Selbst bei dynamischen Branchen wie Informationstechnologie und Telekommunikation werden Sie feststellen, dass viele der Firmen, die mit Budgets arbeiten, zu den Marktführern gehören. Als Manager müssen Sie Unsicherheiten vor allem frühzeitig angehen und immer zu Flexibilität in der Budgetierung bereit sein. Denken Sie daran, dass der Nutzen eines guten Budgets die Kosten immer übersteigen wird.

DEM BUDGETIERUNGSMODELL FOLGEN

VORBEREITUNG	AUFSTELLUNG	KONTROLLE
Unternehmensziele definieren	Informationen sammeln: Einnahmen/Ausgaben; erste Budgetvorschau erstellen	Unterschiede zwischen der tatsächlichen Leistung und dem Budget analysieren
Das Budget standardisieren	Budgetkennziffern durch Hinterfragung und Analyse der Geldbeträge testen	Abweichungen beobachten und Fehler analysieren, auch »Abwegiges« bedenken
Das System bewerten	Aus Gewinn- u. Verlustrechnung und Bilanz Cash-Budgets erstellen, um Cash-Flow zu kontrollieren	Prognosen und Aussagen revidieren, neue Budgetarten erwägen, Erfahrung anwenden
	Budgetierungsverfahren überprüfen und die Budgetvorlage entwerfen	

EINER STRUKTUR FOLGEN

Bauen Sie Ihr Budgetierungsmodell auf drei separaten, gleich wichtigen Aufgaben auf: erstens die Vorbereitung, zweitens die Erstellung, drittens die Kontrolle des Budgets. Es wurde nachgewiesen, dass die meisten Budgets, die ihre Zielvorgaben nicht erreichen, weder ausreichend geplant noch angemessen kontrolliert wurden. Oft stürzen sich Unternehmen ohne große Überlegung oder Vorarbeit auf die Erstellung des Budgets und später im Budgetzyklus fehlt ihnen dann die Bezugsgrundlage.

DAS IST ZU TUN

1. Budgetierungsmodell planen
2. Entscheiden, welche Kollegen mitarbeiten sollen
3. Plan mit Personen in Schlüsselpositionen abstimmen
4. Ausreichende Ressourcen zuteilen

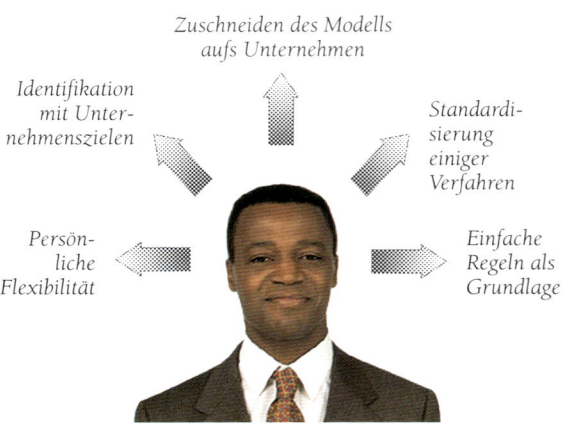

Zuschneiden des Modells aufs Unternehmen

Identifikation mit Unternehmenszielen

Standardisierung einiger Verfahren

Persönliche Flexibilität

Einfache Regeln als Grundlage

EINSTIEG IN DIE BUDGETIERUNG ▲

Ein Manager braucht viele Qualitäten, um erfolgreich mit Budgets zu arbeiten. Wenn eine dieser Qualitäten fehlt, geht der Budgetierungserfolg schnell verloren.

18 Notieren Sie wichtige Aufgaben in einem Kalender, damit die Etappenplanung Ihrer Budgetierung stimmt.

TUN UND LASSEN

✔ Rufen Sie Ihr Team zu mehr Vorausplanung und weniger Ad-hoc-Entscheidungen auf.

✔ Geben Sie Ihre Pläne bekannt, und hören Sie auf die Bedenken anderer.

✔ Setzen Sie Maßstäbe für den Vergleich mit anderen Managern und Abteilungen.

✘ Versuchen Sie nicht, Budgets verschiedener Funktionen ohne Koordination miteinander zu verbinden und zu verschmelzen.

✘ Akzeptieren Sie ausschließlich vernünftige, konkrete Ziele, um die Motivation zu fördern.

✘ Bemessen Sie die Ressourcen ausreichend und transparent.

BUDGETIERUNG VORBEREITEN

Es kann nicht genug betont werden, wie wichtig die »Planung der Planung« ist. Sie müssen sich klar machen, wie Ihr Unternehmen optimal von einem Budget profitieren kann. Statt zu erwarten, dass ein übernommenes Modell auch bei Ihnen Früchte trägt, müssen Sie ein für Ihr Unternehmen maßgeschneidertes Budget erstellen. Budgetierung vorbereiten heißt auch Verfahren standardisieren. Es kann auch sinnvoll sein, einen Budgetierungsleitfaden mit Richtlinien zu verfassen, deren Einhaltung je nach der Größe des Unternehmens von einem Ausschuss überwacht werden könnte.

19 Nutzen Sie evtl. Projektplanungssoftware für komplexere Budgets.

20 Bitten Sie befreundete Kollegen um Einsicht in deren Budgetierung.

BUDGET ERSTELLEN ▼

Wenn alle Manager das gleiche Verfahren zur Budgeterstellung anwenden, kann die Unternehmensleitung alle Budgets im Vergleich bewerten, was im Interesse des gesamten Unternehmens liegt.

Die Vorsitzende bewertet die Anforderungen aller Abteilungen.

Der Manager berichtet über seine Abteilung.

BUDGET ERSTELLEN

Die Erstellung eines aussagefähigen Budgets umfasst mehrere logische Schritte. Zunächst müssen Sie Informationen sammeln – was will Ihr Unternehmen erreichen, wo sind dessen Grenzen, und welche sind die wichtigsten internen und externen Einflussgrößen? Sie müssen ermitteln, wann und in welcher Höhe welche Arten von Einkünften und Kosten entstehen, damit Sie deren zukünftige Entwicklung besser abschätzen können. Um effizient zu arbeiten, realistische Zahlen vorzulegen und mit budgetierten Beträgen umgehen zu können, müssen Sie die Arten und Eigenarten der verschiedenen Kosten kennen. Eine Verknüpfung der Investitionsausgaben mit den Einnahmen und Ausgaben wird der Unternehmensleitung einleuchtend vermitteln, ob ein Budget realisierbar ist. Auch ein essenzieller Konsolidierungsprozess gehört zur Ausarbeitung.

BUDGET KONTROLLIEREN

Entscheidend ist, dass Sie ein Budget kontrollieren, indem Sie die tatsächliche Entwicklung mit Ihrer Planung vergleichen und den Gründen für die Abweichungen nachgehen, Korrekturen durchführen und untersuchen, wie Sie Ihre Budgetierung in Zukunft noch verbessern können. Auch müssen Sie überlegen, was Sie tun würden, wenn sich das Budget als völlig unzutreffend erweisen würde: Es belassen oder revidieren, und wie sollten Änderungen aussehen? Einige Ungenauigkeiten im Budget sind sicher eher auf menschliche Fehler zurückzuführen als auf die Geschäftsentwicklung, daher sollten Sie alle Faktoren bedenken.

21 Fokussieren Sie die Budgetierung auf Aspekte mit erhöhtem Kontrollbedarf.

22 Zeigen die vorherigen Budgets eine Tendenz bezüglich der Realitätsnähe?

MÖGLICHE PROBLEMQUELLEN ERKENNEN

In manchen Unternehmen werden Budgets eher als Bedrohung aufgefasst denn als konstruktives Instrument zur Leistungssteigerung. Das liegt daran, dass Budgetierungssysteme unterschiedlichen Interessen dienen, die nicht immer die gleichen Ziele verfolgen.

23 Anspruchsvolle, aber erreichbare Ziele haben den größten Erfolg.

Die Manager besprechen die Konflikte und suchen nach Lösungen.

KONFLIKTE VERSTEHEN

Wenn Sie potenzielle Zielkonflikte vorhersehen, können Sie realistische Budgets planen.

- Wenn Sie ein ehrgeiziges Budget aufstellen, setzen Sie vielleicht die Zahlen unerreichbar hoch an und hemmen so die Motivation der Mitarbeiter und die Leistung.
- Unternehmerische Entscheidungen, die für den Einzelnen gut aussehen, könnten sich für die Abteilung oder das Gesamtunternehmen als weniger gut erweisen.
- Das Umfeld entwickelt sich vielleicht so schnell, dass das Budget als Prognoseinstrument nicht mit den Ereignissen Schritt halten kann.

Die Konflikte bleiben ungelöst, die Erfolgschancen des Budgets sinken.

PROBLEME VERMEIDEN

Ein Budget ist nie ganz perfekt und man muss sich bewusst sein, dass ohne korrigierendes Eingreifen Konflikte sich sehr negativ auswirken können.

❋ Um Mitarbeiter zu motivieren, ohne den Abteilungsplan zu gefährden, stellen Sie zwei Budgets auf: eines für die Planung und eines für die Managementziele.

❋ Machen Sie den Managern klar, dass sie nicht nur für ihre eigenen Ziele zu arbeiten haben, sondern auch für die der Abteilung.

❋ Damit das Budget auf aktuellem Stand ist, wählen Sie ein kurzes Budgetierungsintervall, z. B. drei Monate.

> **24** Suchen Sie den Dialog mit anderen, um Budgetierungsprobleme zu verhindern.

Die Manager zeigen Verständnis und gelangen zur Einigung, das Budget wird eingehalten.

MIT ANDEREN ▲ DISKUTIEREN

Die Abbildungen zeigen: Die Einhaltung eines Budgets kann gerettet werden, wenn Konflikte frühzeitig gelöst werden.

> **25** Veranstalten Sie Schulungen zum Thema Best Practice in der Budgetierung.

TUN UND LASSEN

✔ Machen Sie sich bewusst, dass Budgets mehr Funktionen haben als die Ergebnisprognose fürs nächste Jahr.

✔ Akzeptieren Sie, dass je nach Intention und Nutzung der Daten Konflikte zwischen Budgets entstehen können.

✔ Kooperieren Sie mit Managern aus anderen Abteilungen, um zu einer Einigung zu kommen.

✘ Verwechseln Sie nicht persönliche Ziele mit Unternehmenszielen.

✘ Lassen Sie sich nicht auf eine Konkurrenz der Abteilungen ein, die Sie von den Unternehmenszielen ablenkt.

✘ Beharren Sie nicht auf einem Budget, das offensichtlich der tatsächlichen Entwicklung hinterherhinkt. Korrigieren Sie das Budget.

DIE BUDGETIERUNG VORBEREITEN

Je besser Sie Ihr Budget vorbereiten, desto geringer werden die Probleme zukünftig sein. Verknüpfen Sie Ihr Budget mit den Unternehmenszielen, und stellen Sie Ihr Verfahren verständlich dar.

DAS BUDGET ANPASSEN

Ihr übergeordnetes Ziel sollte es sein, ein Budgetierungssystem zu schaffen, das aktiv zum Unternehmenserfolg beiträgt. Dazu müssen Sie ein Budget aufstellen, das spezifisch an Ihre Abteilung und an die Ziele des Unternehmens angepasst ist.

26 Lernen Sie von denen, die vor Ihnen erfolgreich budgetiert haben.

27 Vorsicht – zu viel Ehrgeiz ist ein häufiger Fehler bei der Erstellung des ersten Budgets.

WARUM DAS BUDGET ANPASSEN?

Es ist wichtig, dass Sie früh Ihre eigene Budgetierungsmethode entwickeln. Budgets können zahlreiche Funktionen erfüllen – Instrument zur Erreichung der Geschäftsziele, zur Messung der wirtschaftlichen Leistung, zur Bewertung von Managern und Abteilungen oder zur Motivierung der Mitarbeiter. Überlegen Sie, welche Funktionen für Ihre Abteilung und Ihr Unternehmen am wichtigsten sind, bauen Sie Ihre Budgetierungs- und Berichtsmethoden darauf auf. Der Budgetierungsprozess ist ein Mittel zum Zweck, kein Selbstzweck.

EIN SACHDIENLICHES BUDGET AUFSTELLEN

Achten Sie darauf, kein starres und unflexibles Budget aufzubauen, das nur die Kategorien Erfolg oder Misserfolg kennt. Sie können kein sinnvolles Budget aufstellen, wenn Sie unrealistische Ziele vorgeben und daran die Leistung messen wollen. Wählen Sie einen pragmatischen Ansatz, sehen Sie Budgetierung als hilfreiches Instrument und nicht als Karrierehindernis. Geben Sie nicht der Versuchung nach, ein fremdes Budgetierungsmodell unverändert zu übernehmen. Stellen Sie nach Ihren Einschätzungen Ihre eigene Gliederung auf. Denken Sie daran, dass die Schwerpunkte sich verschieben können und Sie das Budget dann an ein sich veränderndes Umfeld anpassen müssen. Zu Beginn kann es hilfreich sein, Budgetierungsmaßnahmen Ihres Unternehmens in der Vergangenheit zu betrachten. Wie erfolgreich waren sie, wo ist Raum für Verbesserungen, und wo können sie ergänzt werden, damit das nächste Budget noch besser wird? Schließlich sollten Sie sich als Faustregel merken, dass es etwa ein bis zwei Jahre dauert, bis ein verlässliches System aufgebaut ist, das effizient arbeitet.

BUDGETIERUNG ❯ NACH BEDARF

Kein Unternehmen gleicht dem anderen. Jedes budgetiert anders und Sie sollten nicht die Verfahren anderer blind übernehmen. Überlegen Sie, wozu Sie Budgets brauchen, was Sie damit erreichen wollen, was die spezifischen Probleme Ihres Unternehmens sind und wie Ihr Budgetierungsansatz darauf eingehen soll.

28 Vermeiden Sie unnötigen Fachjargon bei der Vermittlung Ihrer Ziele.

DAS IST ZU TUN

1. Machen Sie bekannt, dass ein Budget aufgestellt werden wird.
2. Informieren Sie die Abteilung über den Nutzen der Budgetierung.
3. Überlegen Sie, wie detailliert Ihr erstes Budget werden soll.
4. Stecken Sie Ziele für den Erfolg ab, und planen Sie das Budget dementsprechend.

FALLBEISPIEL

Felicity Food betreibt Snackautomaten in Bürogebäuden. Das Unternehmen hatte noch nie mit Budgets gearbeitet, wollte dies aber ändern, denn es verzeichnete schnell wachsende Umsätze. Der Buchhalter empfahl ein Verfahren, das er von seiner letzten Stellung in der Großfabrik Megahuge Plc. kannte. Die Geschäftsleitung befürchtete jedoch, das Budgetmodell könnte auf ein Unternehmen ihrer Größe nicht passen. Der Buchhalter fand eine Lösung, indem er nur die Elemente aus dem Budgetierungsmodell übernahm, die für Felicity Food relevant waren, und ungeeignete Elemente aussonderte. Damit war die Geschäftsleitung wesentlich zufriedener und stimmte dem Einsatz des angepassten Budgetierungsmodells in einem Pilotprojekt für das kommende Jahr zu.

ZIELE ABKLÄREN

*L*egen Sie dem Budget eine klare Unternehmensstrategie zugrunde, die Sie früh
definieren, indem Sie die derzeitigen und
anzustrebenden Ergebnisse Ihrer Abteilung
gegenüberstellen und einen Budgetplan aufstellen, der die Kluft zwischen beiden schließt.

29 Nutzen Sie zur
Zielfindung ein
Brainstorming mit
anderen Managern.

30 Seien Sie innovativ
bei der Aufteilung
der Mittel.

DIE VIER STUFEN ▼
*Bauen Sie Ihre Budgets in vier Stufen auf,
die Ihnen helfen, die wirtschaftlichen
Ziele Ihres Unternehmens zu formulieren.*

STUFE 4
Finanzielle Ziele setzen

STUFE 3
Ziele festlegen

STUFE 2
Für die Zukunft planen

STUFE 1
Geschäftslage prüfen

PRÜFUNG DES GESCHÄFTS

Sie müssen Ihre Abteilung schonungslos ehrlich durchleuchten, und zwar alle Aspekte der
Geschäftstätigkeit, die Einfluss auf die Befriedi-
gung der Kundenbedürfnisse haben. Dieser Prüf-
prozess ist Ihre Gelegenheit, Ihre Abteilung aus
einer objektiven Budgetierungsperspektive zu
betrachten, was im positiven oder negativen Sinne
überwältigend sein kann. Wichtig ist, dass Sie gut
vorbereitet und ehrlich an diese Aufgabe gehen.
Schuldabwälzen oder Schönreden ist hier fehl am
Platze. Alte Fehler sollten nur als Erfahrungsquelle
für effizienteres Handeln in der Zukunft gesehen
werden. Die verbreitete SWOT-Analyse der Stärken, Schwächen, Chancen und Risiken ist ein
guter Ausgangspunkt, wobei andere strukturierte,
objektive Methoden genauso sinnvoll sein können.

TUN UND LASSEN

✔ Achten Sie darauf, die
wahren Stärken und
Chancen Ihrer Abtei-
lung und Unterneh-
mung angemessen
anzuerkennen.

✔ Machen Sie sich
bewusst, welchen Zeit-
und Arbeitsaufwand
Budgetierung bedeutet.

✘ Zögern Sie nicht, die
Schwächen und Risiken
Ihres Unternehmens
offen einzugestehen.

✘ Übernehmen Sie
nicht einfach die Ziele
anderer Abteilungen,
entwickeln Sie
unbedingt eigene
Vorstellungen.

FÜR DIE ZUKUNFT PLANEN

Der Strategieplan gibt die langfristigen unternehmerischen und finanziellen Leitlinien vor. Er ist die Grundlage, auf der Sie die Ziele Ihrer Abteilung entwickeln. Der Strategieplan kann z. B. Ihre Branche beschreiben und festhalten, wie sich die Größe, Qualität, Sicherheit und Wettbewerbsfähigkeit des Unternehmens entwickeln sollen.

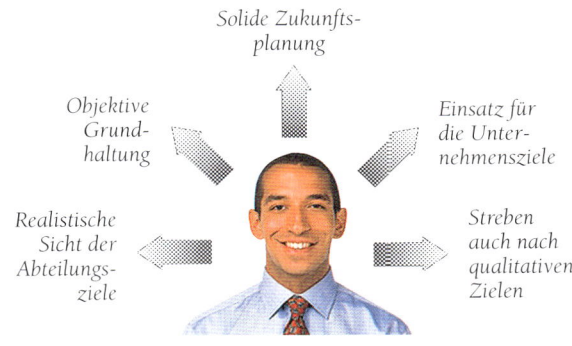

Solide Zukunftsplanung

Objektive Grundhaltung

Einsatz für die Unternehmensziele

Realistische Sicht der Abteilungsziele

Streben auch nach qualitativen Zielen

⚠ WIRTSCHAFTLICHE ZIELE

Aus den Vorgaben des Strategieplans können Sie Ihre übergeordneten Wirtschaftsziele ableiten und die Unternehmensstrategie in die Betriebsplanung Ihrer Abteilung einbinden.

---

31 Hüten Sie sich vor zu vielen vergangenheitsorientierten Maßnahmen.

32 Im Geschäftsleben gibt es immer irgendwo Standardisierungsbedarf.

UNTERNEHMENSZIELE FESTLEGEN

Die Unternehmensziele beziehen sich auf das Gesamtunternehmen und sind nicht immer quantifizierbar. Manche Ziele sind allgemein, andere betreffen speziell Marketing, Organisationsaufbau oder Finanzen. Wenn Sie Ihrer Abteilung Ziele setzen, können Sie Ihre Ambitionen in überprüfbaren Betriebsgrößen ausdrücken. Am weitesten werden Sie kommen, wenn Sie immer das Erreichbare mit dem Wünschenswerten vereinbaren.

FINANZIELLE ZIELE SETZEN

Setzen Sie die Ziele Ihrer Abteilung in einen formalisierten Finanzplan um. Berücksichtigt werden sollten hier Marketing, Produktion (oder Bereitstellung von Dienstleistungen), Einkauf, Personal und Verwaltung. Drücken Sie diese monetären Ziele für jedes Jahr für die gesamte Budgetierungsperiode in Gewinn- und Verlustrechnungen, Bilanzen und Cash-Flow-Rechnungen aus. Damit alle Aspekte Ihrer Tätigkeit einbezogen werden, sollten auch nicht monetäre Leistungskriterien Eingang finden, z. B. eingegangene Beschwerden und Lob.

BUDGETPERIODE

Die Budgetperiode ist der Zeitraum, auf den ein Budget ausgelegt ist, in der Regel ein Jahr. Sie wird oft in Kontrollperioden unterschiedlicher Länge unterteilt, meist Monate. Bemessen Sie Ihre Budgetperiode nach dem Grad planerischer Kontrolle, den Sie erzielen wollen.

BUDGETS STANDARDISIEREN

Zur besseren Koordinierung der Budgets sollten alle Manager ihre Budgets in einem standardisierten Budgetierungsformat erstellen. Das erleichtert die gemeinsame Arbeit an der inhaltlichen Ausgestaltung und die unternehmensweite Verknüpfung der Budgets.

33 Erstellen Sie leere Budgetformulare als Tabellen zum Ausfüllen am Computer.

34 Informieren Sie alle über den Budgetierungs- ausschuss und seine Tätigkeit.

LEITFADEN ERSTELLEN

Ein nutzbringender Budgetierungsleitfaden muss folgende Elemente umfassen:
- Einführung in die Bedeutung der Budgetierung
- Einen Zeitplan für die Erstellung des Gesamt- budgets aus allen Einzelbudgets
- Richtlinien zu Grundannahmen, von denen Manager beim Budgetieren ausgehen sollen
- Formulare zum Ausfüllen, einschließlich einer Anleitung zum Ausfüllen
- Ein Organisationsdiagramm mit den Namen aller für die Budgets Verantwortlichen
- Abteilungsspezifische Transaktionsnummern und Ansprechpartner für Budgetfragen

LEITFADEN ENTWERFEN ▼

Ein Budgetierungsleitfaden muss nicht länger sein als ein paar Seiten Stichpunkte, um sicherzustellen, dass alle bei ihrer Arbeit von den gleichen Eckdaten ausgehen.

Grundan- nahmen über externe Ein- flüsse auf die Budgetvor- bereitung

Einschätzung des Unternehmens über wahrschein- liche Preis- und Marktentwicklung

Marktexterne Fak- toren wie Steuern, Devisenkurse, Zin- sen und Inflation

EXTERNE FAKTOREN

1. Das Marktwachstum wird in den nächsten fünf Jahren 20 % pr wesentlich überschreiten dal 10 % eine realistische für das Umsatzwachstum, das wir chen.
2. Die derzeitigen Marktpreis Trendwende ist nach Progr abzusehen. Preisstagnatior ten.
3. Zinssätze von 6,5 % sind Berechnungen.
4. Dort, wo mit Fremdwähr Engagement in Europa v Auskunft über Devisenk Finanzabteilung
5. Von einer Inflationsrate
6. Bei den Steuern wird die Änderung erwartet.

INTERNE FAKTOREN

1. Die Mitarbeiterzahl soll auf dem gegen- wärtigen Stand bleiben, Lohnerhöhungen für alle Ebenen sind auf 3 % begrenzt.
2. Auf dem Zeitplan im Anhang sind wich- tige Eckdaten des Budgets aufgeführt.
3. Einige Abteilungen sollen dieses Jahr ihre Budgets nach einer neuen Methode er- stellen – siehe Zero-Based-Budgetierung.
4. Das nachstehende Organigramm ist als Orientierungshilfe gedacht, wo Ihr Bud- get einzuordnen ist und an wen Sie sich mit Fragen wenden können.

5. Wir streben für die Bezahlung der Zu- lieferer und für Forderungen gegenüber Kunden Zahlungsziele von 60 Tagen an.

Detaillierte Ein- schätzung über interne Ein- flüsse auf die Budgetierung

Strukturelle Fragen, z. B. Änderung der Beschäftigtenzahl oder vermutete Lohnabschlüsse

Konsistente Referenzwerte für den Umgang mit Kunden und Zulieferern

EINEN AUSSCHUSS BILDEN

Ein Budget kann nicht ohne Bezug auf die Budgets anderer Abteilungen erstellt werden. Ein gewisses Maß an Koordinierung ist also unumgänglich. Durch die Bildung eines Budgetierungsausschusses mit Vertretern der verschiedenen Abteilungen können Sie die Fortschritte der Budgetierung in diesen Abteilungen verfolgen und etwaige Probleme sofort ausräumen. Dieser Ausschuss sollte die Prinzipien für den Leitfaden zusammenstellen. Er sollte in den Besprechungen anhand der vorliegenden Prognosen die Abteilungsbudgets überprüfen, ein Gesamtbudget erstellen, Budgetprobleme aller Art angehen und dafür sorgen, dass der ganze Prozess effizient und nach dem Zeitplan abläuft.

MITGLIEDER DES AUSSCHUSSES ▼

Der Ausschuss sollte aus führenden Managern der wichtigsten Bereiche, dem Verantwortlichen für Management-Buchführung sowie den Leitern aller beteiligten Abteilungen bestehen.

35 Sorgen Sie dafür, dass sich der Ausschuss regelmäßig zusammenfindet.

Buchhalter als technischer Berater

Vorsitzender kontrolliert und vermittelt.

Manager vertritt seine Abteilung.

Ein Formular erstellen

Ein Budgetierungsformular ist eine Standardvorlage, in der alle Daten, die in das Budget einfließen, erfasst und präsentiert werden. Für die meisten Unternehmen wäre zwar die strikte Einhaltung dieser Form ratsam (v. a. bei Schlüsselbereichen wie Einnahmen, Kosten, Kapital), manche lassen jedoch etwas Spielraum für spezifische Umstände. Fünf Grundsätze sollten Sie beachten, damit das Formular gut aussieht und benutzerfreundlich und effizient ist:

❋ Gestalten Sie das Formular klar und schlicht, ohne überflüssige Details.
❋ Vermeiden Sie unprofessionellen künstlerischen Übereifer.
❋ Geben Sie allen Formularen ein einheitliches Layout, Schriftbild und Design.
❋ Das Formular sollte logisch aufgebaut, gut strukturiert und selbst erklärend sein.
❋ Benutzen Sie möglichst häufig Tabellen o. Ä.

▼ Formulare benutzen

Jeder, der ein Budgetierungsformular auszufüllen hat, wird dabei anders vorgehen. Um am Ende dennoch homogene, leicht zusammenzurechnende Zahlen zu erhalten, muss Ihr Formular für alle gleichermaßen benutzbar sein.

Ein gut aufgemachtes Standardformular ist leicht auszufüllen.

Zusatzbemerkungen können notiert und später vorgebracht werden.

Wichtige Fragen

F Ist das Formular selbsterklärend?

F Sind die Inhalte klar und leicht verständlich?

F Werden alle wahrscheinlichen Fragen abgedeckt?

F Benötigt der Budgetierungsausschuss weitere Angaben?

F Sind alle wichtigen Bereiche vollständig berücksichtigt?

F Werden andere Manager ähnliche Formulare ausfüllen können?

Ein Formular ausfüllen

Sie müssen sich permanent fragen: »Fülle ich das Formular auch richtig aus?« Stellen Sie sicher, dass die eingesetzten Zahlen und Summen stimmen. Überprüfen Sie, ob die Angaben korrekt in die Spalten und Zeilen eingeordnet sind und ob die Dezimaltrennzeichen an der richtigen Stelle stehen. Das ausgefüllte Formular soll so leicht wie möglich zu lesen sein. Korrigieren Sie Grammatik, Rechtschreibung und Zeichensetzung. Vermeiden Sie Fachchinesisch, Umgangssprache oder unpräzise Ausdrücke. Benutzen Sie kurze Worte und Sätze. Geben Sie das Formular z. B. einem anderen Manager, um die Verständlichkeit zu überprüfen.

Century Kopiergeräte — FORMULAR RE 1/99

HANDELSERGEBNISSE	MONAT												
	Jan	Feb	Mär	Apr	Mai	Jun	Jul	Aug	Sep	Okt	Nov	Dez	GESAMT
UMSATZ	940	1.100	1.200	960	980	1.150	1.060	850	1.200	1.250	1.500	1.310	13.500
UMSATZSELBSTKOSTEN	705	840	910	740	730	880	820	650	910	950	1.100	980	10.215
BRUTTOERTRAG	235	260	290	220	250	270	240	200	290	300	400	330	3.285
BRUTTOERTRAGSSPANNE	25%	24%	24%	23%	26%	23%	23%	24%	24%	24%	27%	25%	24%
GEMEINKOSTEN:													
Löhne und Gehälter	56	57	57	54	60	62	55	58	56	55	52	53	675
Altersversorgung	6	6	6	6	6	6	6	6	5	5	5	5	68
Reisekosten	6	7	7	7	7	7	6	6	7	7	7	7	81
Gemietete Ausrüstung	1	1	1	1	1	1	1	1	1	1	1	1	12
Telefon	10	9	11	11	10	10	11	10	9	10	10	11	122
Druck, Porto, Papier	4	4	5	5	5	6	4	4	4	5	4	4	54
Marketing	10	11	11	12	12	11	13	12	11	11	11	10	135
Lagerhaltung	3	3	3	4	3	3	3	4	3	4	4	4	41
Instandhaltung	12	12	11	12	13	12	12	14	12	13	13	13	149
Heizung, Strom	20	20	20	22	20	19	19	18	19	22	21	23	243
Versicherung	8	8	8	7	9	9	9	10	8	8	8	9	101
Mieten, Raten	34	34	34	34	34	34	34	34	34	34	33	32	405
(Rechts-)Beratung	1	1	1	1	3	1	1	1	1	2	1	2	16
Sonstige	3	3	3	3	4	4	4	4	4	4	4	5	45
Abschreibungen	22	22	22	20	21	21	21	23	25	24	24	25	270
Zweifelh. Forderungen	2	2	3	4	2	2	3	2	3	3	4	4	34
Erträge aus Kapitalverk.	1	1	1		1	1	1	3	1	1	1	2	14
GEMEINKOSTEN GESAMT	199	201	204	203	211	209	203	210	203	209	203	210	2.465
BETRIEBSERGEBNIS	36	59	86	17	39	61	37	-10	87	91	197	120	820
Fällige Zinsen	5	5	5	5	5	5	5	5	5	5	5	5	60
REINGEWINN	31	54	81	12	34	56	32	-15	82	86	192	115	760

Zeichen/Nummer zur Bezugnahme in späteren Gesprächen

Klar aufgebaute Zeilen und Spalten strukturieren die Information.

Schwarze Zahlen auf weißem Hintergrund erleichtern später die Weiterverarbeitung.

Wichtige Ergebnisse werden auffällig hervorgehoben.

Liste der wichtigsten Einnahmen- und Ausgabenarten in logischer, prozessorientierter Reihenfolge

36 Wählen Sie nur zwischen den vorgegebenen Sparten in der Tabelle, um die Konsistenz zu gewährleisten.

⚠ GESTALTUNG DES LAYOUTS

Eine durchdachte Gestaltung erzeugt nicht nur einen professionellen Gesamteindruck, sondern erleichtert auch das Verständnis und, in späteren Budgetbesprechungen, die Bezugnahme auf die Daten.

DAS SYSTEM ÜBERPRÜFEN

Sobald die Vorbereitungen abgeschlossen sind, kann die Aufstellung des Budgets und der Kennzahlen beginnen. Vorher sollten Sie jedoch noch Ihr System überprüfen und gegebenenfalls neu ausrichten, sodass Ihr Budget korrekte und nützliche Informationen liefert.

37 In den Budgets absichtlich »etwas Luft zu lassen« bringt nichts.

38 Verantwortung bedeutet immer auch Verantwortlichkeit.

39 Stimmen Sie das Budget mit den richtigen Personen ab.

DEN PLAN EINHALTEN

Stürzen Sie sich nicht gleich mitten ins Budgetieren. Denken Sie an die Pareto-Regel: 80 % des Ergebnisses erzielt man mit 20 % des Einsatzes, aber ohne angemessene Planung können die restlichen 20 % des Ergebnisses bis zu 80 % des Einsatzes verschlingen. Leisten Sie optimale Vorarbeit, indem Sie Ihren methodischen Ansatz genau auf Ihren Bedarf zuschneiden, Ihr Budget mit den Unternehmenszielen verknüpfen und einige Verfahren standardisieren. Vieles wird Ihnen Ihr gesunder Menschenverstand sagen, aber oft genug wird er auch übergangen, um schnell die ersten Zahlen vorzulegen.

DIE GOLDENEN REGELN BEFOLGEN

Budgets sollten zwar flexibel und den Besonderheiten der Abteilung und des Verantwortlichen angepasst sein, jedoch müssen Sie auch sehr darauf achten, dass Ihr Budget mit den anderen harmoniert und dass unternehmensweit gewisse Standards eingehalten werden. Das erreichen Sie einerseits durch Budgetierungsleitfäden und -formulare, andererseits durch die Einführung von Grundsätzen für die Vorbereitung, an die sich alle halten. Beachten Sie immer eine Reihe von Regeln für den gesamten Prozess, damit die Budgets konsistent sind und maximalen Nutzen bringen.

NICHT VERGESSEN

❋ Nutzen Sie auch die Erfahrung und Kenntnisse Ihrer Kollegen bei der Überprüfung und Planung.

❋ Stellen Sie derzeit gültige Höchstgrenzen für das Unternehmen in Frage, und finden Sie innovative Wege, sie zu übertreffen.

❋ Erweitern Sie den Bewertungshorizont Ihres Unternehmens über rein Finanzielles hinaus auf andere wichtige Zielgrößen.

❋ Ein Budget ist ein Werkzeug, es muss realitätsnah und leicht zu benutzen sein.

ACHT GOLDENE REGELN FÜR ERFOLGREICHE BUDGETS

GOLDENE REGELN

BEDEUTUNG FÜR DIE PRAXIS

KONTINUIERLICH BUDGETIEREN
Budgetierung und Planung sind keine
einmaligen Aktionen.

Sehen Sie in der Budgetierung mehr als eine jährliche
Routine. Die Zukunft ist ungewiss, passen Sie daher das
Budget regelmäßig dem veränderten Geschäftsumfeld an.

NEHMEN SIE SICH ZEIT
Budgets sind der Kern der Planung
und wollen gut durchdacht sein.

Unterschätzen Sie nicht den Zeitaufwand, der für die
Informationsbeschaffung und Erstellung von Plänen und
realistischen Budgetvorschlägen erforderlich ist.

BEZIEHEN SIE ANDERE EIN
Ziehen Sie alle hinzu, die am Budgetierungsprozess beteiligt sein
sollten.

Budgetierung sollte nicht nur auf der obersten Ebene
stattfinden. Beziehen Sie wichtige, fachlich kompetente
Personen mit ein, und motivieren Sie sie für den Prozess.

SEIEN SIE REALISTISCH
Konzentrieren Sie die Budgets
auf das, was die Abteilung wirklich
braucht.

Bedenken Sie, dass bei knappen Ressourcen interne
Konkurrenz um einzelne Posten entstehen kann, sodass vielleicht absichtlich überhöhte Forderungen
gestellt werden.

SEHEN SIE NACH VORN
Blicken Sie bei der Budgetzuteilung
in die Zukunft, nicht in die Vergangenheit.

Richten Sie Ihr Handeln auf zukünftige Ziele aus, ver-
trauen Sie nicht einfach historischen Zahlen, um das Budget des nächsten Jahres zu erstellen. Diese könnten zwar
ungefähr richtig – und gerade darum völlig falsch sein.

DENKEN SIE POLITISCH
Der Umfang eines Budgets ist
nicht gleichzusetzen mit seiner
Bedeutung.

Machen Sie sich klar, dass der Umfang eines Budgets nicht
mit seiner Bedeutung zu verwechseln ist, und beenden Sie
die üblichen Machtspielchen hierum.

BEOBACHTEN SIE DIE LAGE
Prioritäten und Beträge müssen
eventuell der Entwicklung angepasst
werden.

Seien Sie bereit, Ihr Budget nachzubessern, gleichzeitig aber
auch alle Ausgaben zu hinterfragen und andere Lösungen
für unvorhergesehene Schwierigkeiten zu finden.

ERLAUBEN SIE FLEXIBILITÄT
Budgets müssen nicht sklavisch
eingehalten werden.

Geben Sie nicht der Versuchung nach, Gelder auszugeben,
nur weil sie bewilligt sind, hamstern Sie keine Budgetüber-
schüsse, die andere Abteilungen gut gebrauchen könnten.

Budgets erstellen

Um ein Budget zu erstellen, müssen Sie Informationen einholen, Einnahmen und Ausgaben schätzen und alle Daten zu einem genehmigten Gesamtdokument zusammenführen.

Informationen einholen

Wenn Sie Informationen über alle denkbaren internen und externen Einflüsse auf Ihr Budget gesammelt haben, können Sie erkennen, welche Ziele erreichbar sind oder nicht und welche Faktoren unter Umständen Ihren Aktivitäten Grenzen setzen.

40 Achten Sie auf Änderungen in der Wirtschaftsgesetzgebung.

Kulturelle Unterschiede

Der gesetzliche Rahmen kann in den verschiedenen Ländern das Wirtschaftsklima liberaler oder restriktiver machen, und der Kostenfaktor Arbeit kann die Mobilität und Verfügbarkeit der Arbeitskräfte beeinflussen. Auch gibt es kulturspezifische Differenzen bei der Zahlungsmoral.

Bewertung externer Einflüsse

Einflüsse von außen können größere Auswirkungen auf den Erfolg eines Unternehmens haben als interne Faktoren, behalten Sie diese daher immer im Auge. Viele Unternehmen scheitern, weil sie nicht gründlich beobachten, was um sie herum vorgeht und vorgehen wird. Die wichtigsten externen Einflüsse können drei Kategorien zugeordnet werden: Fragen der wirtschaftlichen Lage, der demografischen Entwicklung und des Arbeitskräftemarkts; Regierung und gesetzgebende Körperschaften; Geschäftsbeziehungen zu Kunden und Zulieferern.

MÖGLICHE EXTERNE EINFLÜSSE AUF EIN BUDGET

EINFLUSS-BEREICH	WICHTIGE ASPEKTE
WIRTSCHAFT, DEMOGRAFISCHE ENTWICKLUNG, ARBEITSKRÄFTE	**WIRTSCHAFT** Struktur, Konjunktur, Inflation, Zinsen, Steuersätze, Weltrang, Börsen **DEMOGRAFISCHE ENTWICKLUNG** Zusammensetzung, Zahl, räumliche Verteilung, Mobilität, Geburten, Sterbefälle, Trends **GESELLSCHAFT** Nachbarn, Lobbys, Umweltprobleme, lokale Gegebenheiten, gesellschaftliche Trends, kulturelle Trends **ARBEITSKRÄFTE** Zusammensetzung, Zahl, Verfügbarkeit, Fortbildungsbereitschaft, Ansprüche, Erwartungen, Fähigkeiten
REGIERUNG UND GESETZGEBENDE KÖRPERSCHAFTEN	**GESETZGEBUNG** Arbeitsrecht, Verbraucherschutz, Hygiene und Sicherheit, Wettbewerbsrecht, Anwendung von EU-Gemeinschaftsrecht, andere gesetzgebende Körperschaften **REGIERUNG** Zusammensetzung, Steuer- und Währungspolitik, Industrie- und Wettbewerbspolitik, Anreize und Initiativen **INTERNATIONALE HANDELSABKOMMEN** Export und Import, Handelszölle, Steuerharmonisierung, Handelsquoten, Wechselkurse **INSTITUTIONEN** Finanzamt, Zollbehörde, Gläubiger, Kreditgeber, Interessengruppen, Management, gesetzgebende Körperschaften
GESCHÄFTS-BEZIEHUNGEN ZU KUNDEN UND ZULIEFERERN	**KUNDEN** Zusammensetzung und Zahl, Nachfragevolumen, Rentabilität, vermutete zukünftige Größe und Bedürfnisse **KONKURRENTEN** Standorte, Produkte, Aktivitäten, Stärken und Schwächen, Abgänge, Aggressivität, Wachstum **ZULIEFERER** Zusammensetzung und Zahl, Kosten und Liefermengen, Partnerschaft, Zuverlässigkeit, Rentabilität, Standort

BEWERTUNG INTERNER EINFLÜSSE

Den Einfluss unternehmensinterner Faktoren auf ein Budget zu bewerten mag einfach erscheinen, aber dabei werden oft die offensichtlichsten Dinge übersehen. Die wichtigsten Einflüsse kommen aus drei Bereichen: der Geschäftätigkeit mit Produkten und Dienstleistungen, der Leitungsebene mit Direktion und Anteilseignern, und der Verfügbarkeit von Ressourcen. Checklisten sind grundsätzlich unvollständig. Überlegen Sie, welche Faktoren noch eine Rolle spielen könnten, von der Unbeständigkeit des Umfelds über Umstrukturierungsmaßnahmen bis hin zur Qualität des Managements.

 41 Erkennen Sie die Bedeutung guten Managements an.

NICHT VERGESSEN

❋ Interne Faktoren ändern sich und sollten ständig beobachtet werden.

❋ Interne Gespräche können die wertvollste Informationsquelle sein.

❋ Auf wichtige Ereignisse sollten Sie vorbereitet sein.

MÖGLICHE INTERNE EINFLÜSSE AUF EIN BUDGET

EINFLUSS-BEREICH	WICHTIGE ASPEKTE
GESCHÄFTS-TÄTIGKEIT	**PRODUKTE UND DIENSTLEISTUNGEN** Waren, Mengen, Produktionsverfahren, Preise, Preiskalkulation, Lagerbestände **ORGANISATIONSEINHEITEN** Verkauf, Herstellung, Einkauf, Marketing, Finanzen, Verwaltung, Personal
ÜBERGEORDNETE FAKTOREN	**PERSONEN** Direktion, Anteilseigner, Gewerkschaften, Mitarbeiter **UNTERNEHMENSZIELE** Nahziele, mittelfristige Ziele, Fernziele
VERFÜGBARKEIT VON RESSOURCEN	**VERFÜGBARE RESSOURCEN** Kapital, Gewinne, Boden, Gebäude, Fabrik und Ausrüstung, Maschinen **ABTEILUNGSBUDGETS** Verkauf, Herstellung, Einkauf, Marketing, Finanzen, Verwaltung, Personal

BEWERTUNG DES BEGRENZENDEN FAKTORS

Ein begrenzender Faktor ist ein einzelner dominanter Einflussfaktor, der der Aktivität der Abteilung und des Unternehmens Grenzen setzt. Identifizieren Sie in einem frühen Stadium der Budgetierung die für Ihr Unternehmen begrenzenden Faktoren, denn diese bestimmen die Reihenfolge der Aufstellung der Einzelbudgets. Wenn Sie einen begrenzenden Faktor nicht erkennen, setzen Sie sich vielleicht unerreichbare Ziele. Wahrscheinlich werden Sie nicht mehr als einen begrenzenden Faktor finden, meist ist es der Umsatz oder die Produktionskapazität, manchmal aber auch der Absatzmarkt, besonders wenn dieser monopolistisch und wettbewerbsfeindlich ist, stagniert oder Quoten unterworfen ist. Weitere Beispiele für begrenzende Faktoren sind Engpässe oder Unregelmäßigkeiten bei den Rohstoffen, den Personalinvestitionen oder den Anlagen.

WICHTIGE FRAGEN

F Erfüllt unser Unternehmen die erforderlichen Voraussetzungen für die geplanten Aktivitäten?

F Besteht Aussicht auf eine Erlaubnis zur Expansionsplanung?

F Können wir das notwendige Kapital aufbringen?

F Bewegen wir uns in einem kleinen, begrenzten Markt?

F Können wir genug qualifiziertes Personal zum Standort holen?

42 Bedenken Sie: Nicht immer ist der Absatz der begrenzende Faktor.

43 Bewerten Sie die internen Einflüsse ehrlich und objektiv.

44 Halten Sie sich durch Hausmitteilungen auf dem Laufenden.

GEGEN BEGRENZENDE FAKTOREN

Wie können begrenzende Faktoren überwunden werden? Einschränkungen können vorübergehend sein, bedenken Sie also, dass der begrenzende Faktor von einem Jahr zum anderen wechseln kann.

❋ Wenn der Absatz der begrenzende Faktor ist, erwägen Sie Preissenkungen für Ihre Produkte und erhöhen Sie das Budget für Medienwerbung.

❋ Um Kapazitätsprobleme zu lösen, erhöhen Sie die Ausgaben für die Produktionsanlagen, denken Sie an Auslagerung.

❋ Ist die Arbeitskraft knapp, erhöhen Sie die Einkommen, oder finden Sie auf unkonventionelleren Wegen neue Mitarbeiter.

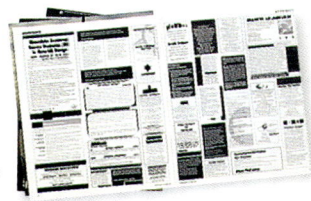

EINNAHMEN PROGNOSTIZIEREN

Budgets sind meistens vom Gesamtum-
satz abhängig, daher müssen Sie Arten,
Beträge und Eingangszeiten der Einnahmen
vorhersehen. Gehen Sie alle Einnahmequellen, voraussichtliche Absatzmengen,
Preise und Zahlungseingänge durch.

45 Meist dauert es doppelt so lange wie erwartet, bis ein Kunde bezahlt.

EINNAHMEN KATEGORISIEREN

Die Prognose des Gesamtumsatzes ist
der wohl schwierigste Teil der Budgetierung. Wenn sie jedoch die Einnahmen – die wohl fast ausschließlich aus
dem Verkauf von Waren und Dienstleistungen kommen – in Sparten
unterteilen, z. B. nach Produktkate-
gorie, Marktsegment oder räumlicher
Verteilung, können Sie den Zugang
zu den Schätzungen und damit auch
die nachfolgende Analyse, Diskussion
und Kontrolle der Einnahmen erleichtern. Nehmen Sie also eine ausreichende, nicht übertrieben genaue Ein-
teilung der verschiedenen Arten von
Einnahmen vor.

Manager erklärt das Zurückbleiben seines Umsatzes hinter den Prognosen.

Neue Produkte sollen in der Folgeperiode mehr Umsatz bringen.

TUN UND LASSEN

✔ Kooperieren Sie bei der Einnahmenprog-nose mit anderen Abteilungen.

✔ Machen Sie eine rea-listische Unterteilung der Einnahmen zu Analysezwecken.

✘ Beschränken Sie sich nicht auf die Arten von Einnahmen, die im Vor-jahr anfielen.

✘ Betrachten Sie nicht nur die laufenden, son-dern auch einmalige Einnahmen.

⏶ EINNAHMEN SCHÄTZEN

Analyse der Vorjahre, treffende Prognosen und enge Zusammenarbeit der Abteilun-gen bringen ein erfolgreiches Budget.

46 Schätzen Sie die zu erwartende Preiselastizität der Nachfrage.

EINNAHMEN QUANTIFIZIEREN

Zu einer realistischen Schätzung des Verkaufs-erlöses gehören auch geschicktes Raten und Glück. Meist wird das Vorjahr als Grundlage herangezogen, um einen gewissen Realitätsbezug zu gewährleisten. Es ist wichtig, davon auszugehen, was mit wirk-lichem Engagement erreicht werden kann, nicht mit halbherzigen Ausbesserungen. Bitten Sie den Verkauf um Zahlenmaterial aus seinen Informatio-nen über Kunden, aktuelle Lage und örtliche Gege-benheiten. Der Instinkt der Manager ist ein weiteres nützliches, wenn auch subjektives Instrument.

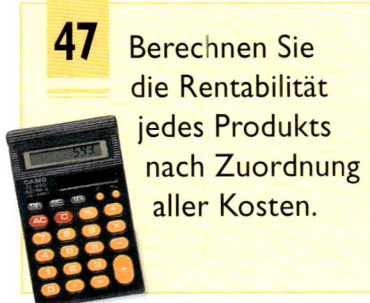

47 Berechnen Sie die Rentabilität jedes Produkts nach Zuordnung aller Kosten.

▼ **EINKÜNFTE**
Für eine realistische Vorhersage der Einkünfte stellen Sie diese drei Fragen:

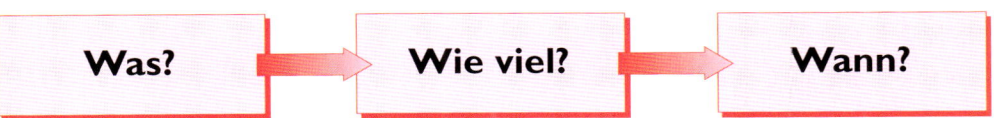

Was? → **Wie viel?** → **Wann?**

48 Seien Sie offen, wenn Sie in die Zukunft sehen.

ZAHLUNGSEINGÄNGE ZEITLICH EINSCHÄTZEN

Der Aspekt, dessen Kontrolle mit Abstand am wichtigsten ist, ist der Cash-Flow. Viele Firmen arbeiten durchaus rentabel, sind aber nicht liquide. Meist werden die Aufwendungen bezahlt, bevor die Einnahmen eingehen, besonders in Wachstumsphasen. Daher ist es von größter Be-deutung, die Kassenbewegungen zeitlich zu koor-dinieren. Seien Sie realistisch und sogar etwas pes-simistisch bei der Planung, denn meist zahlen die Kunden nicht in der vereinbarten Frist. Fragen Sie die Buchhaltung nach Erfahrungswerten und den Verkauf nach der Finanzlage und der zu erwar-tenden Zahlungsfähigkeit einzelner Kunden.

◀ **ZAHLUNGSTRENDS SEHEN**
In der Regel gehen Verkaufserlöse später ein als erwartet. Untersuchen Sie beobachtete Trends beim Zahlungsverhalten, und bedenken Sie mögliche all-gemeine oder kundenspezifische Veränderungen.

AUSGABEN ABSCHÄTZEN

Die tatsächlichen Ausgaben übersteigen meist die geplanten. Das überrascht Unternehmen oft, obwohl es jedes Jahr wieder vorkommt. Daher müssen Sie für eine korrekte Ausgabenprognose Arten, Beträge und Zeitpunkte der Ausgaben durchgehen.

49 Denken Sie daran, dass Sie ein Budget nicht zwingend ausschöpfen müssen.

KOSTEN ABSCHÄTZEN ⬛
Indem Sie Ihre Kosten den vier Arten zuordnen, können Sie abschätzen, wie leicht oder schwer sie zu kontrollieren sein werden.

AUSGABEN KATEGORISIEREN

Es gibt vier Hauptarten von Ausgaben: Laufende Einzelkosten (den einzelnen Produkten und Dienstleistungen zuzuordnende Kosten) und laufende Gemeinkosten (von allen Unternehmensbereichen gemeinsam zu tragende Kosten) fallen in den meisten Unternehmen ständig und routinemäßig an. Es sind jährlich wiederkehrende Ausgabeposten, relativ leicht zu schätzen und zu kontrollieren. Anlaufkosten, also Kosten für die Gründung oder Erweiterung eines Unternehmens, und Kapitalkosten, d. h. Investitionsausgaben, sind unregelmäßige Kosten und meist schwieriger einzuschätzen, weil sie selten und jedes Mal in anderer Höhe anfallen.

HÖHE DER AUSGABEN ABSCHÄTZEN

Die erwarteten Ausgaben sind sowohl in Mengen als auch in Preisen auszudrücken. Zweifellos erscheint die Liste der denkbaren Aktivitäten und Kosten unendlich lang. Fragen Sie bei allen wichtigen Abteilungen und Kollegen nach, welchen Mengenbedarf, Preis und Gesamtbetrag für alle Kostenarten sie erwarten. Alle Schätzungen werden sich sicherlich v. a. auf Erfahrungswerte aus vergleichbaren Situationen stützen, aber durch Ihre Intuition können Sie sie sinnvoll ergänzen.

50 Prüfen Sie anhand der Ausgabenliste vom Vorjahr, ob Sie für nächstes Jahr nichts vergessen haben.

AUSGABEN ZEITLICH EINSCHÄTZEN

Für eine zutreffende Prognose des Cash-Flow ist das Timing der Ausgaben entscheidend, insbesondere der Zeitpunkt der höchsten Ausgabe. Setzen Sie sich mit dem Einkauf in Verbindung – z.B. könnten mit Zulieferern bestimmte Zahlungsziele im Gegenzug zu veränderten Preiskonditionen vereinbart worden sein. Meist erfolgen die Zahlungen eher vierteljährlich als monatlich, manche als Vorkasse, andere auf Rechnung. Vergessen Sie bei der Planung nicht die beträchtlichen Ausgaben, die, wenn nicht einmalig, so doch unregelmäßig anfallen. Das schwerwiegendste Beispiel hierfür ist die Besteuerung der Gewinne.

51 Lassen Sie bei der Schätzung der Ausgaben Raum für die Inflation.

52 Bedenken Sie die Auswirkungen technischen Fortschritts auf die Kosten.

KOSTENARTEN

ART	BEISPIEL	
LAUFENDE EINZELKOSTEN	Rohmaterial und Teile, zugekaufte Dienstleistungen, Waren zum Wiederverkauf, Löhne und Gehälter, Kundenbetreuung und Service	
LAUFENDE GEMEINKOSTEN	Miete, Raten, Energie und Wasser, Reparaturen, Infrastruktur, Finanzierungskosten, Porto, Geschäftspapier, Werbung, Telefon, Transport, Beratung	
EINMALIGE ANLAUFKOSTEN	Entnahmen, Einkäufe vor Markteintritt, Aufstellungskosten, Spezifikationen, Verkaufs- und Marketingunterlagen, Einstellungs- und Einarbeitungskosten	
EINMALIGE ANLAGEINVESTITIONEN	Sachanlagevermögen wie Gebäude, Werk und Maschinen, Büroeinrichtung, Zubehör, Geräte und Fahrzeuge; immaterielle Güter wie Firmenimage, Marken und geistiges Eigentum	

KOSTEN VERSTEHEN

Wirkliches Verständnis der Kosten ist unerlässlich, um ein realitätsnahes Budget zu erstellen. Betrachten Sie die Kosten aus zwei Perspektiven, als fixe und variable sowie als direkte und indirekte Kosten.

53 Bedenken Sie: Fixe Kosten entstehen auch, wenn der Betrieb stillsteht.

KOSTENVERHALTEN STUDIEREN

Sie müssen die Kosten treibenden Faktoren kennen, um Kausalzusammenhänge zu sehen (Waren die Ausgaben höher, weil mehr zu tun war oder weil weniger produktiv gearbeitet wurde?). Wenn ein Unternehmen seinen Umsatz verdoppelt, verdoppeln sich dann alle, einige oder keine der Ausgaben? Wird sich der Rohstoffeinkauf verdoppeln? Wahrscheinlich. Aber die Kosten für die Zentrale? Mit einiger Sicherheit nicht. Warum fallen bestimmte Kosten an, gibt es einen oder mehrere Gründe? Wie legt man Kosten auf die Produkte und Abteilungen um, die davon profitieren?

FIXE UND VARIABLE KOSTEN VERSTEHEN

Beurteilen Sie das Kostenverhalten danach, wie ein Kostenfaktor mit der Betriebsleistung, üblicherweise dem Umsatz, zusammenhängt. Kosten, die gleich bleiben, wenn der Absatz steigt (oder fällt), sind Fixkosten, z.B. Finanzierung, Personal, Zentrale, Verwaltung. Kosten, die sich im Verhältnis zur Leistung verändern, sind variable Kosten, z.B. Waren zum Wiederverkauf, Fertigung, Rohstoffe, Vertrieb. Sprungfixe Kosten bleiben bis zu einem bestimmten Auslastungsgrad unverändert, dann kommt ein weiterer fixer Betrag dazu.

54 Verständnis des Kostenverhaltens ist unerlässlich.

55 Hinterfragen Sie jegliche Gemeinkostensteigerungen.

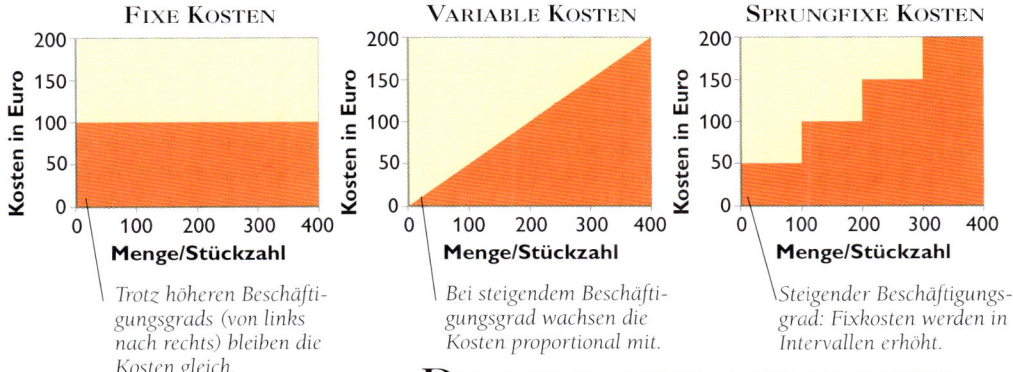

FIXE KOSTEN

Trotz höheren Beschäftigungsgrads (von links nach rechts) bleiben die Kosten gleich.

VARIABLE KOSTEN

Bei steigendem Beschäftigungsgrad wachsen die Kosten proportional mit.

SPRUNGFIXE KOSTEN

Steigender Beschäftigungsgrad: Fixkosten werden in Intervallen erhöht.

KOSTENDEFINITIONEN ◢

Im Gegensatz zu den unveränderlichen Fixkosten steigen die anderen Kostenarten bei höherem Beschäftigungsgrad an.

56 Finden Sie die Hintergründe für jede Entwicklung der indirekten Kosten.

DIREKTE UND INDIREKTE KOSTEN VERSTEHEN

Direkte Kosten werden durch ein einzelnes Produkt oder eine einzelne Dienstleistung verursacht, indirekte Kosten durch eine Menge von Produkten. Indirekte Kosten werden daher auch als Gemeinkosten bezeichnet. Die indirekten Kosten müssen von Ihnen wieder den einzelnen Waren und Dienstleistungen zugeordnet werden. So müssen Sie z.B. ermitteln, welcher Anteil an den Kosten der Zentrale auf jedes Produkt entfällt. Dies beeinflusst die Gewinnspanne jedes Produkts und dient zur Rentabilitätsbewertung.

DIREKTE UND INDIREKTE KOSTEN

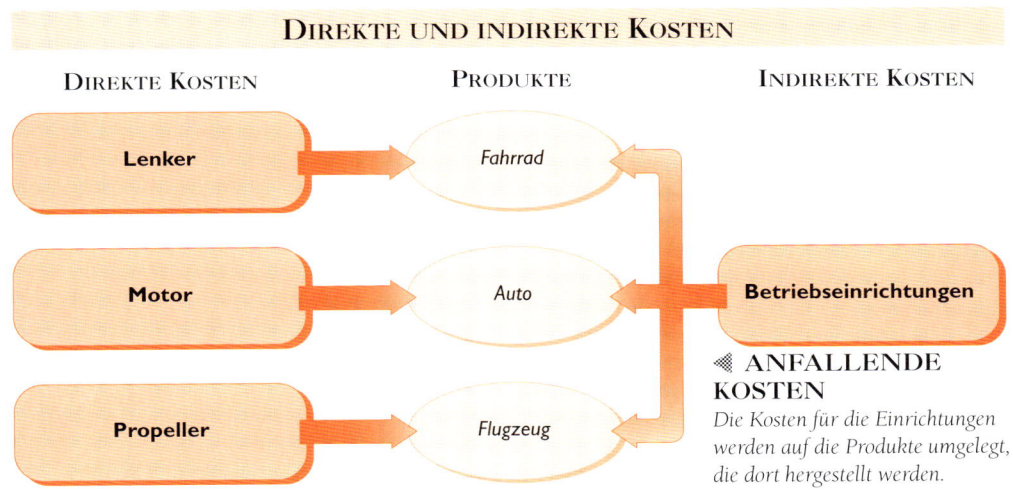

DIREKTE KOSTEN

Lenker

Motor

Propeller

PRODUKTE

Fahrrad

Auto

Flugzeug

INDIREKTE KOSTEN

Betriebseinrichtungen

◢ ANFALLENDE KOSTEN

Die Kosten für die Einrichtungen werden auf die Produkte umgelegt, die dort hergestellt werden.

ZAHLEN AUFBEREITEN

Überprüfen Sie die Geldbeträge im Budget anhand der Validität (Zuverlässigkeit) des Zahlenmaterials. Tun Sie dies frühzeitig, denn die ursprünglichen Zahlen sind selten realistisch. Oft sind die Umsätze zu hoch, die Ausgaben zu niedrig angesetzt.

57 Verdeutlichen Sie sich die Kosten durch Umrechnung in Prozent des Umsatzes.

58 Das angestrebte Leistungsziel bestimmt die Kosten.

59 Prüfen Sie die Vorjahreszahlen auf klare Fehler.

GELDBETRÄGE HINTERFRAGEN

Sie sollten Ihre Zahlen gründlich und mehrfach überprüfen. Wenn der Budgetierungsausschuss Ihren ersten Budgetentwurf begutachtet, müssen Sie sich darauf verlassen können, dass das Zahlenmaterial hieb- und stichfest ist. Der Ausschuss ist sich in der Regel im Klaren, dass erfahrene Manager ihre ersten Entwürfe oft bewusst hoch ansetzen, um Spielraum für Kürzungen zu lassen. In Kenntnis dieser Praxis sollten Sie entsprechend so kalkulieren, dass der Budgetierungsausschuss Ihren ersten Entwurf einfach um 10 % kürzen kann.

DIE OUTPUT/INPUT-METHODE

Die beste Methode für die Festlegung der Zahlen für Ihr Budget ist die Output/Input-Methode. Bestimmen Sie, wie viel Ihre Abteilung produzieren soll (Output), überlegen Sie, wie dies bewerkstelligt werden kann, und entscheiden Sie, welche Ressourcen (Input) dazu erforderlich sind. Gehen Sie nicht davon aus, welche Ressourcen Ihnen zur Verfügung stehen, um dann zu schätzen, wie viel die Abteilung damit erreichen kann. Betrachten Sie Ressourcen, Mitarbeiter und geplante Ausgaben als Inputs. Hergestellte Güter, geleistete Arbeit und erbrachte Dienstleistungen sind Outputs.

NICHT VERGESSEN

- Der Output bestimmt den Input, nicht umgekehrt.
- Die vom Unternehmen angestrebten Outputs, Ziele und Termine müssen geklärt werden.
- Alternative und innovative Ideen können in Brainstormings gesammelt werden.
- Die Kosten der benötigten Ressourcen sollten in Geldwerten ausgedrückt werden.
- Qualität und Quantität der Ressourcen klar benennen.

RICHTIG BUDGETIEREN

DER RICHTIGE ANSATZ

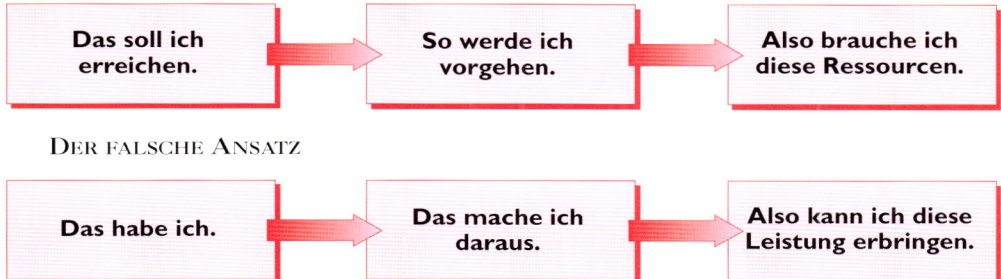

| Das soll ich erreichen. | → | So werde ich vorgehen. | → | Also brauche ich diese Ressourcen. |

DER FALSCHE ANSATZ

| Das habe ich. | → | Das mache ich daraus. | → | Also kann ich diese Leistung erbringen. |

TOP-DOWN-BUDGETIERUNG

Obwohl Budgets nach der Output/Input-Methode erstellt werden sollten, wählen viele Manager einen Top-Down- (oder retrograden) Ansatz. Bei dieser sehr einfachen Methode werden die Ausgaben des Vorjahres ermittelt und um einen bestimmten Prozentsatz erhöht oder gesenkt. Der Haken hierbei ist, dass die Zahlen des letzten Jahres fehlerhaft sein können und sehr wahrscheinlich nicht die optimale Ressourcen-Allokation darstellen. Auch können verdeckte graduelle Kostenveränderungen unberücksichtigt bleiben und ineffiziente Praktiken fortgeführt werden. Trotzdem ist dies der am häufigsten verwendete Ansatz zur Festlegung von Budgetbeträgen. Oft lässt ein Manager die Budgetierungsformulare wochenlang im Posteingang liegen und erstellt dann an einem Tag sein Budget, ohne Bezug auf einen anderen Teil des Unternehmens zu nehmen.

DER TOP-DOWN-ANSATZ ▷

Eine Liste aller Einnahmeposten aus den tatsächlichen Ergebnissen oder dem Budget des Vorjahres wird als Grundlage für die Schätzwerte des diesjährigen Budgets herangezogen.

WICHTIGE FRAGEN

F Habe ich alle Zahlen untersucht und Überflüssiges gestrichen?

F Gibt es noch eine andere Möglichkeit, die Gültigkeit der nach dem Top-Down-Ansatz ermittelten Zahlen zu überprüfen?

F Habe ich mit anderen Managern das Verhältnis ihrer Zahlen zu meinen besprochen?

KOSTENBUDGET

	VORJAHR	ÄNDERUNG	DIESES JAHR
Löhne/Gehälter	10 000	6%	10 600
Altersversg.	1 200	6%	1 272
Reisekosten	500	10%	550
Mietausrüstung	100	5%	105
Telefon	600	-10%	540
Druck, Porto, Papier	240	-2%	235
Marketing	300	8%	324
Lagerhaltung	60	3%	62
Instandhaltung	120	10%	132
Heizung, Licht, Strom	480	-5%	456
	13 600		14 276

Das Budget umfasst nur Posten, die es im Vorjahr auch gab.

Veränderung hinzurechnen oder abziehen

60 Führen Sie den Bottom-Up-Ansatz zunächst in ausgewählten Abteilungen ein.

61 Achten Sie bei diesem Ansatz auf durch Kürzungen geweckte Vorbehalte.

BOTTOM-UP-BUDGETIERUNG

Der Ansatz der Bottom-Up- oder Zero-Based-Budgetierung (ZBB) geht auf den Zusammenhang von Kosten und Nutzen ein. Ausgehend von einer »Nullbasis«, also nicht auf Grundlage von Vergangenheitswerten, nennen Sie für jede Aktivität die Absicht und Folgen einer Budgetänderung. Das bedeutet, dass Sie alle Ausgaben von null auf rechtfertigen müssen. Der Bottom-Up-Ansatz ist am besten für frei bemessbare und unterstützende Ausgaben geeignet, z. B. Marketing, im Gegensatz zu materiellen Kostenbereichen wie der Produktion. Die Bottom-Up-Budgetierung ist sehr zeitaufwändig. Einige Manager lehnen diese Methode als zu aggressiv ab.

VERGLEICH: TOP-DOWN- UND BOTTOM-UP-BUDGETIERUNG

	TOP-DOWN	BOTTOM-UP
AUSGANGSPUNKT	Vorjahresbudget oder aktuelles Budget	Null – Kein Bezug auf Vorjahr
BUDGETGRUNDLAGE	Vorjahreswert plus oder minus x	Handlungsbausteine
BUDGETBETRAG	In der Regel eine feste Summe	Bandbreite von Beträgen
BERÜCKSICHTIGUNG	Der eigenen Funktion/Abteilung	Des gesamten Unternehmens
BETEILIGTE	Nur Manager und Eigentümer	Abteilungsübergreifende Teams
ZEIT- UND ARBEITS-AUFWAND	Eventuell von Bedeutung	Oft sehr beträchtlich
HÄUFIGKEIT	Normalerweise jährlich	Periodisch über Jahre hinweg
ALTERNATIVEN	Werden kurz angesprochen	Werden detailliert abgewogen
PRIORITÄTEN	Oft nicht festgelegt	Kann- und Muss-Ausgaben

ACTIVITY-BASED COSTING (ABC)

Um korrekte Zahlen vorzulegen und ein besseres Gefühl dafür zu bekommen, welche Produkte und Dienstleistungen wirklich lukrativ sind, müssen Sie die Kostentreiber kennen. Oft werden Kosten nur im Vergleich zu den Verkaufserlösen auf die Produkte umgerechnet. Das vernachlässigt jedoch andere betriebliche Aspekte wie Büros, Mitarbeiterzahl und verkaufte Stückzahl. Activity-Based Costing ist ein umfassenderer Ansatz zur Ermittlung der Kosten verursachenden Größen, der bei der Kostenzuordnung auch die anderen Aspekte außer dem Erlös berücksichtigt. Anhand detaillierter Zeit- und Kostenaufstellungen können Sie die Kosten des gesamten Unternehmens genauer zuordnen.

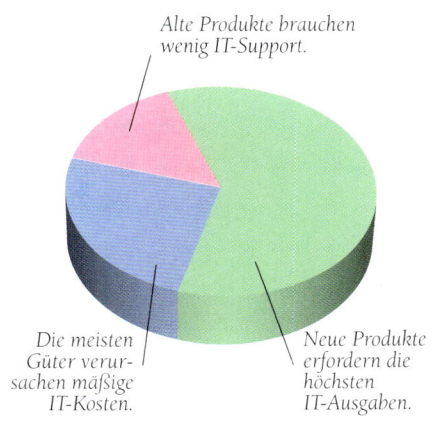

Alte Produkte brauchen wenig IT-Support.

Die meisten Güter verursachen mäßige IT-Kosten.

Neue Produkte erfordern die höchsten IT-Ausgaben.

⚠ KOSTEN ZUORDNEN
Informationstechnologie-(IT-)Kosten werden eher von neueren Produkten verursacht, die viel Support benötigen, als von bewährteren Produkten.

WICHTIGE FRAGEN

F Sollte ich in einigen Support-Abteilungen Zero-Based-Budgetierung einführen?

F Verspricht eine »Was-wäre-wenn«-Analyse nützliche Erkenntnisse für mein Budget?

F Habe ich daran gedacht, eine Bandbreite zu prognostizieren statt einer einzelnen Zahl?

62 Geben Sie Bandbreiten an, um von der »Zahlenfixierung« wegzukommen.

ANDERE METHODEN

Ein weiteres Verfahren untersucht die möglichen Auswirkungen einer Budgetänderung. In einer »Was-wäre-wenn«-Analyse werden meist die wichtigsten Kosten um 10 % höher und die Einnahmen um 10 % niedriger angesetzt, was die finanziellen Schwachstellen des Budgets aufzeigt. Da Budgets meist auf eine Summe hinauslaufen (»Umsatz = 15 Mio. Euro«), sollten Sie auch überlegen, welches Ergebnis unter besonders günstigen Umständen oder im schlimmsten Fall möglich wäre. Indem Sie jedem Einzelergebnis eine Wahrscheinlichkeit zuordnen und beide Werte miteinander multiplizieren, erhalten Sie eine realistischere Zahl, den Erwartungswert. Berechnungen der bestmöglichen, wahrscheinlichen und schlimmstmöglichen Szenarien helfen, zu entscheiden, ob das bestmögliche Szenario des einen Managers dem schlimmstmöglichen eines anderen hinzuzurechnen ist usw.

INVESTITIONSBUDGETS VERSTEHEN

Ausgaben für größere Kapitalanschaffungen z. B. für das Betriebsgelände, für Ausrüstung oder Maschinen fallen nicht unter die Abteilungsbudgets. Die Abschätzung der Investitionen ist für das Unternehmen jedoch lebenswichtig.

63 Eine falsche Investition kann die schönste Gewinnplanung zunichte machen.

64 Kapitalausgaben werden oft zu wenig kontrolliert.

65 Investitionen müssen in die Gewinn- und Verlustrechnung einfließen.

INVESTITIONEN KONTROLLIEREN

Fehlentscheidungen in diesem Bereich können den Konkurs bedeuten. Die Kapitalinvestitionen fallen meist in einem frühen Stadium an, und wenn sie nicht kontrolliert werden, können sie verheerende Auswirkungen auf das ganze Unternehmen haben. Der klassische Fall: Die Ausgaben überschreiten das Budget, der Projektstart verzögert sich, die Verkaufserlöse kommen später herein als erwartet, und schon gibt es ein Liquiditätsproblem.

GENEHMIGUNG VON INVESTITIONEN

Es haben sich ausgefeilte und oft langwierige Verfahren für die Genehmigung entwickelt. In vielen Unternehmen entscheiden hochrangig besetzte Investitionsausschüsse darüber, wie viel maximal investiert werden darf und wie diese Ausgaben zeitlich innerhalb des Unternehmens verteilt werden. Investitionsantragsformulare sind nur ein Beispiel für zahlreiche andere Verfahren, mit denen Unternehmen eine strenge Prüfung aller Investitionsausgaben zu gewährleisten versuchen.

NICHT VERGESSEN

❋ Schaffen Sie ein Klima, in dem Ideen für zukünftige Investitionen entstehen können.

❋ Sichern Sie wirkliches Verständnis der Genehmigungsverfahren.

❋ Die finanziellen Hürden, die ein Projekt überwinden muss, bevor es rentabel wird, müssen klar sein.

❋ Der Erhöhung des Kapitalstocks muss eine Investitionsbewertung nach geeigneten Verfahren vorausgehen.

PROJEKTE BEWERTEN

> **Prüfen Sie, ob Investitionen notwendig sind.**

> **Planen Sie Reaktionen auf denkbare Risiken.**

> **Zählen Sie materielle und ideelle Gewinne auf.**

> **Legen Sie ein Szenario zur Genehmigung vor.**

> **Setzen Sie den Plan um, bewerten Sie den Erfolg.**

INVESTITIONEN RECHTFERTIGEN

Damit die Rentabilität eines Projekts bewertet werden kann, müssen Sie Ihren Kapitalbedarf vom wirtschaftlichen Standpunkt aus rechtfertigen. Ein Projekt kann daran gemessen werden, wie viel Gewinn es pro investierter Geldeinheit abwirft (der sog. Kapitalertrag). Ein nützlicherer Indikator ist aber der Amortisationszeitraum, d. h. die Dauer, bis die Anfangsinvestitionen wieder hereingeholt sind. Beide Methoden lassen jedoch den Zeitwert des Geldes außer Acht. Uns ist instinktiv bewusst, dass 100 Währungseinheiten heute mehr wert sind als morgen. Geldbeträge in der Zukunft sollten daher in Werteinheiten von heute ausgedrückt werden, dem sog. Gegenwartswert oder Barwert der Investition. Wenn wir z. B. von einem Zinsfuß von 10 % ausgehen, entsprechen 100 Währungseinheiten in einem Jahr einem heutigen Betrag von 91 Einheiten. Nur bei der Barwertmethode wird der Zeitfaktor berücksichtigt und der Zukunftsbetrag vor der Kostenertragsrechnung diskontiert.

INVESTITIONSBUDGETS VERKNÜPFEN

Bedenken Sie, dass ein Investitionsbudget, wenn es einmal genehmigt ist, Auswirkungen auf andere Budgets und vor allem auf die Liquidität haben wird. Der Nutzen, den das Unternehmen aus einer Kapitalausgabe für neue Maschinen zieht, in Form erhöhter Kapazität oder Produktivität, sollte sich z. B. im Umsatzbudget niederschlagen. Die Entwicklung der Kostenbudgets wird außer von dem fixen Kostenfaktor Inflation auch von Veränderungen des Betriebskapitals beeinflusst – neue Kraftfahrzeuge erhöhen die Ausgaben für Treibstoff, Versicherungen und Steuern; Gebäude verursachen Strom-, Wasser- und Wartungskosten.

66 Erwägen Sie bei der Bewertung von Projekten auch die Verzichtoption.

67 Machen Sie sich den Zusammenhang von Einnahmen und Investitionen klar.

FINANZBUDGETS ERSTELLEN

Der Cash-Flow ist der Geldstrom in ein und aus einem Unternehmen. Ein zu geringer Cash-Flow bedeutet eine ernste Gefahr für das Unternehmen. Erstellen Sie ein Finanzbudget, damit Sie den Cash-Flow im Zeitverlauf besser einschätzen können.

68 Rechnen Sie damit, dass der Cash-Flow unter Ihren Erwartungen bleibt.

FINANZBUDGETS VERSTEHEN

In einem Finanzbudget werden anhand der Kennzahlen aus dem Ergebnisbudget die Einnahmen und Ausgaben, auch zeitlich, eingeschätzt, d. h. die einzahlungswirksamen Erträge und auszahlungswirksamen Aufwendungen im Zeitverlauf. Oft scheint sich der Bedarf an liquiden Finanzmitteln umgekehrt zu den Erträgen zu verhalten: Ein wachsendes Unternehmen hat oft kurzfristige Liquiditätsengpässe, während ein reifes Unternehmen auch bei abnehmender Aktivität noch erstaunliche Erträge abwirft.

WICHTIGE FRAGEN

F Ist die Umsatzsteuer im Cash-Flow berücksichtigt?

F Sind die Eingänge v. a. aus neuen Initiativen realistisch terminiert?

F Sind die Kreditzinsen realistisch kalkuliert?

F Wie definitiv ist die Mengen- und Zeitplanung?

F Hat sich das Exportgeschäft vergrößert oder verändert?

F Beeinflussen neue Zahlungsverzugsgesetze den Cash-Flow?

⚠ **CASH-FLOWS PRÜFEN**
Cash-Flow-Prognosen benötigen realistische Annahmen aller Teile des Unternehmens bezüglich des Zeitablaufs.

69 Denken Sie an den Spruch »Erträge sind gut, Liquidität ist besser«.

TUN UND LASSEN

✔ Achten Sie auf das Timing des Cash-Flow, zu optimistische Budgets wirken hier problemverstärkend.

✗ Glauben Sie nicht, es könnte keine Cash-Flow-Probleme geben, nur weil es in der Vergangenheit keine gab.

✔ Stellen Sie viele »Was-wäre-wenn«-Fragen zu Cash-Flow und zu Auswirkungen zeitlicher Verschiebungen bei größeren Beträgen.

✗ Glauben Sie nicht, dass sich alle immer an ihre vereinbarten Zahlungsziele halten, weder im Unternehmen noch außerhalb.

FINANZBUDGETBOGEN AUSFÜLLEN ☙

Ergänzen Sie alle Gewinn- und Verlustposten um den voraussichtlichen Ein- bzw. Ausgangstermin. Verrechnen Sie dies zum geplanten monatlichen Cash-Flow, um den Mittelzufluss oder -bedarf zu erkennen.

FINANZBUDGET AUSARBEITEN

Nehmen Sie die Gewinn- und Verlustrechnung und die Bilanz als Grundlage für das Finanzbudget. Oft stehen auch standardisierte Cash-Flow-Prognosenformulare als Arbeitserleichterung zur Verfügung. Verbinden Sie für jeden Monat die Budgetbeträge jedes Einnahmen- und Ausgabenpostens mit den Zahlungsprognosen. Vergessen Sie nicht die einmaligen Posten. Wiederholen Sie dies bei jeder Veränderung der Beträge oder Prognosen.

Budgetierte Gewinne und Verluste werden in jährliche und monatliche Beträge unterteilt.

Cash-Flow-Verlauf für jeden einzelnen Posten der Gewinn- und Verlustrechnung

Die tatsächlichen monatlichen Ein- und Ausgänge

GEWINN- UND VERLUSTRECHNUNG			ZEITRAHMEN	CASH FLOWS					
POSTEN	JÄHRLICH	MONATLICH		JUL	AUG	SEP	OKT	NOV	DEZ
Umsatz	+1920	+160	1 Monat Frist	0	+160	+160	+160	+160	+160
Erwerbungen	-720	-60	1 Monat Frist	0	-60	-60	-60	-60	-60
Fertigungslöhne	-576	-48	Sofort fällig	-48	-48	-48	-48	-48	-48
Miete	-60	-5	1 Monat im Voraus	-10	-5	-5	-5	-5	-5
Heizung, Licht, Strom	-48	-4	1 Monat Frist	0	-4	-4	-4	-4	-4
Versicherung	-12	-1	6 Monate im Voraus	-6	0	0	0	0	0
Marketing	-72	-6	1 Monat Frist	0	-6	-6	-6	-6	-6
Löhne/Gehälter	-192	-16	Sofort fällig	-16	-16	-16	-16	-16	-16
			Monatlicher Cash-Flow	-80	+21	+21	+21	+21	+21
Gewinn	+240	+20	Kumulierter Cash-Flow	-80	-59	-38	-17	+4	+25

Jahresgewinn wird durch Abzug der Ausgaben von den Einnahmen ermittelt.

Monatliche Gesamtzahl aller Ein- und Ausgangssummen

Der kumulierte Cash-Flow für die gesamte Periode gibt den tatsächlichen Kassenbestand an.

BUDGETS KONSOLIDIEREN

Sobald Sie Ihr Budget ausgearbeitet haben, legen Sie es dem Budgetierungsausschuss vor, damit ein Gesamtbudget aufgestellt werden kann. Je nachdem, was die konsolidierten Daten aussagen, müssen Sie Ihr Budget eventuell nachbessern.

70 Folgen Sie einem Zeitplan, vor allem gegen Ende des Budgetierungsprozesses.

71 Halten Sie bei der Zahlenaufbereitung die vorgegebenen Richtlinien ein.

ABTEILUNGSBUDGETS ÜBERPRÜFEN

Bevor die Abteilungsbudgets zusammengeführt werden können, müssen Sie Ihr Budget überprüfen, insbesondere auf die Durchführung folgender Schritte:

- Die begrenzenden Faktoren wurden erkannt.
- Relevante Hintergrundinformationen liegen vor.
- Sowohl externe als auch interne Einflussfaktoren wurden identifiziert und bedacht.
- Andere wichtige Informationsquellen und Beratungsmöglichkeiten wurden genutzt.
- Die Arten, Beträge und Zeitpunkte der laufenden und einmaligen Einnahmen und Ausgaben wurden bei den Prognosen vorsichtig angesetzt.

Der Vorsitzende des Ausschusses stimmt alle Budgets ab.

Die Manager reichen ihre Abteilungsbudgets ein.

DAS IST ZU TUN

1. Budget überprüfen
2. Auf konsistente Gestaltung prüfen
3. Entwurf ausarbeiten
4. Korrekturtipps einholen
5. Korrekturen einarbeiten
6. Erneut lesen lassen
7. Dem Ausschuss vorlegen

BUDGETS EINREICHEN ▲

Erst wenn Sie das Budget zufrieden stellend überprüft und nachgerechnet und erforderliche Verbesserungen vorgenommen haben, sollten Sie es dem Budgetierungsausschuss vorlegen.

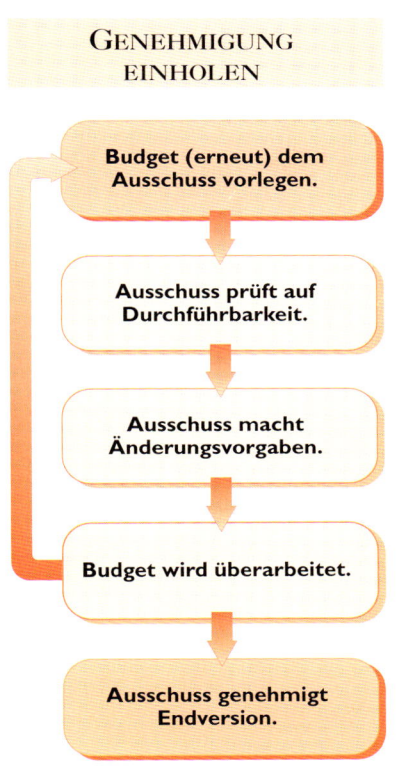

GENEHMIGUNG EINHOLEN

Budget (erneut) dem Ausschuss vorlegen.

Ausschuss prüft auf Durchführbarkeit.

Ausschuss macht Änderungsvorgaben.

Budget wird überarbeitet.

Ausschuss genehmigt Endversion.

EIN GESAMTBUDGET ERSTELLEN

Ein Gesamtbudget ist die Zusammenfassung aller Abteilungsbudgets der einzelnen Manager. Es ist ein zentrales Dokument, das der Budgetierungsausschuss erstellt, um die Ziele und Erwartungen des gesamten Unternehmens hinsichtlich der zukünftigen Einnahmen, Cash-Flows und Finanzlage darzustellen. Wie bei den Abteilungsbudgets liegt der Schwerpunkt auch hier auf Schlüsselbereichen wie Umsatz, Produktion und Finanzen. Das Gesamtbudget liefert Informationen in konzentrierter Form, sodass die Unternehmensleitung entscheiden kann, ob das Budget akzeptabel ist und genehmigt werden kann. Das Gesamtbudget sollte ein Ergebnis-, ein Bilanz- und ein Finanzbudget beinhalten. Die Entscheidungskriterien der Unternehmensleitung sind natürlich in jeder Unternehmung unterschiedlich, orientieren sich jedoch in der Regel sowohl an übergeordneten Aspekten wie den strategischen Zielen, als auch an kurzfristigeren Zielen wie Rentabilität, Kapitalrendite, Solvenz und Liquidität.

ITERATIVE ABSTIMMUNGSPROZESSE

Wenn der erste Entwurf für das Gesamtbudget nicht den Vorstellungen der Unternehmensleitung entspricht, muss er überarbeitet werden. Die Unternehmensleitung kann darauf bestehen, dass sofort substanzielle Änderungen vorgenommen werden, oder sie kann zunächst die Auswirkungen gradueller Verbesserungen auf den Gesamtplan betrachten. In jedem Fall müssen Sie Ihre Zahlen umarbeiten und erneut zur Genehmigung einreichen. Dann wird ein neues Gesamtbudget erstellt und wiederum der Unternehmensleitung vorgelegt. Dieser Prozess heißt iterativer Prozess und wird so lange durchlaufen, bis eine finale Version genehmigt ist.

72 Beraten Sie sich mit allen Betroffenen, bevor Sie das Budget ändern.

73 Protokollieren Sie Änderungen, um sie evtl. später nachzuvollziehen.

BUDGETS ABSCHLIESSEN

Sobald das Budget konsolidiert ist, kann der Budgetierungsausschuss das Gesamtbudget zum Abschluss bringen. Gehen Sie gut vorbereitet in die Besprechung, damit Sie in der optimalen Ausgangsposition sind, um für die Belange Ihrer Abteilung einzutreten.

74 Zeigen Sie Effizienz, und budgetieren Sie keine fantastischen Ressourcen.

75 Zeigen Sie Effizienz durch Erfüllung aller Planziele.

76 Testen Sie Ihr Budget mit »Was-wäre-wenn«-Szenarien.

DIE ZAHLEN ÜBERPRÜFEN

Aufgabe des Budgetierungsausschusses ist die Prüfung der Zahlen und die Bewertung ihrer Gültigkeit. Seien Sie auf Fragen vorbereitet wie »Was ist, wenn der Umsatz stärker steigt oder fällt als nach Ihrem Plan?«, »Welche Auswirkungen auf das Budget haben die Kosten für die Bereiche Personal, Einkauf, Produktion, Marketing, Finanzen und Verwaltung?« oder »Wie wirken sich Zinsen, Inflation, Besteuerung, Zölle und Quoten aus?«. Sie müssen entscheiden, welche Faktoren welchen Einfluss auf Ihr Budget haben könnten und ob es noch weitere relevante Aspekte gibt.

VORBEREITUNG AUF DIE AUSSCHUSSSITZUNG

Auf die Sitzung des Budgetierungsausschusses sollten Sie sich gründlich vorbereiten und auf jeden Fall folgende Fragen beantworten können:

* Warum sollen Sie an der Sitzung des Ausschusses teilnehmen, und welche Bedeutung hat sie?
* Worin besteht die Rolle eines Budgetierungsausschusses im Allgemeinen und speziell in Ihrem Unternehmen, kennen Sie die Mitglieder?
* Wie beabsichtigen Sie, die Anliegen Ihrer Abteilung wirkungsvoll zu vermitteln?
* Welche Folgemaßnahmen könnten erforderlich werden?

NICHT VERGESSEN

* Lernen Sie, Gewinn- und Verlustrechnungen und Bilanzen zu lesen, indem Sie finanzielle Größen in Bezug setzen.
* Prüfen Sie, ob alle Fragen zu Budgetprognosen zufrieden stellend beantwortet worden sind.
* Machen Sie sich die Bedeutung des Gesamtbudgets für den Budgetierungsprozess bewusst.
* Leisten Sie substanzielle persönliche Beiträge zu den Hauptsitzungen des Ausschusses.

AN BUDGETIERUNGSSITZUNGEN TEILNEHMEN

Die Budgets der einzelnen Abteilungen werden in den Verhandlungsprozess eingebracht und einander gegenübergestellt. Sie wussten vorher vielleicht einfach nichts von anderen Plänen, Bedingungen und Notwendigkeiten, die auch Ihre Planung berühren können. Denken Sie daran, dass hochrangige Führungskräfte, die die Hauptbereiche des Unternehmens vertreten, an den Sitzungen teilnehmen ebenso wie der Vorsitzende und Buchhalter. Der Vorsitzende berät und kooperiert mit den Abteilungsmanagern und koordiniert das Endergebnis. Die Mitarbeiter aus der Buchhaltung bestimmen nicht so sehr den Aufbau der verschiedenen Budgets mit, sondern unterstützen Sie bei der Aufstellung.

Werksmanager hat Neuanschaffungen geplant.

Vorsitzender vermittelt und erzielt Einigung.

Buchhalter stellt fest: Zu wenig Mittel verfügbar.

ABSCHLUSS DES BUDGETS

Wenn sich der Budgetierungsausschuss auf ein Gesamtbudget geeinigt hat, sind alle abteilungsspezifischen und unterstützenden Einzelbudgets konsolidiert, einschließlich der geplanten Ergebnisrechnung, Bilanz und Cash-Flow-Rechnung. Diese Dokumente und die unterstützenden Zusatzbudgets sind die Grundlage für die Planung und Kontrolle der Aktivität im Folgejahr. Ihr Budget behält jedoch seine Rolle als zentraler Bezugspunkt für Ihre Abteilung, als Bindeglied zwischen lang- und kurzfristiger Unternehmensplanung.

▲ ÜBER BUDGETS VERHANDELN

Die sinnvolle Beteiligung an Budgetbesprechungen setzt voraus, dass Sie die Ziele aller Ausschussmitglieder kennen, wissen, warum sie teilnehmen und was sie erreichen wollen.

77 Bedenken Sie: Budgets, die gekürzt werden sollen, verlieren an Glaubwürdigkeit.

DAS BUDGET KONTROLLIEREN

Wenn das Budget aufgestellt ist, gilt es, die geplanten Einnahmen zu erzielen und die Ausgaben nicht zu überschreiten. Dazu sollten Sie Ihr Budget permanent überprüfen und bei Bedarf anpassen.

DISKREPANZEN ANALYSIEREN

Diskrepanzen zwischen Budget und erzieltem Ergebnis werden immer auftreten. Geben Sie für eine konstruktive, zukunftsorientierte Anpassung des Budgets Richtlinien vor, mit denen solche Abweichungen nachvollzogen und analysiert werden können.

78 Ignorieren Sie Diskrepanzen, die nächsten Monat von selbst verschwinden.

79 Planen Sie immer genug Zeit ein, um allen Abweichungen nachzugehen.

ABWEICHUNGEN VERSTEHEN

Es ist sehr wichtig, den Grund auch der kleinsten Diskrepanz zwischen Budget und erzieltem Ergebnis zu kennen. Was Ihnen und Ihrer Abteilung vielleicht als unbedeutende Kleinigkeit erscheint, könnte für das Unternehmen überaus wichtig sein, besonders dann, wenn andere Abteilungen ebenfalls ihre Budgets verfehlen. Dadurch, dass Sie feststellen, wie es zu der Abweichung kam, verringern Sie die Wahrscheinlichkeit, dass sie noch einmal auftritt, und sorgen dafür, dass künftige Abweichungen früher erkannt werden.

DAS IST ZU TUN

1. Geben Sie Kontrolle und Planung gleiches Gewicht.
2. Entscheiden Sie, welche Budgetpunkte kontrolliert werden.
3. Planen Sie genügend Zeit für gründliche Kontrollen.
4. Lassen Sie sich regelmäßig Finanzinfos schicken.

DER KONTROLLZYKLUS ▷

Um eine wirksame Budgetkontrolle zu gewährleisten, sollten Sie den vier Schritten dieser Feedbackschleife folgen. So integrieren Sie eine zuverlässige Kontrollinstanz in Ihren Budgetierungsprozess.

80 Planen Sie genug Zeit für jeden der vier Schritte ein.

ERGEBNIS UND BUDGET VERGLEICHEN

Der Vergleich der tatsächlich erzielten Ergebnisse mit den Budgets ist das Standardinstrument der Unternehmensleitung zur Leistungsbewertung. Ein gutes Managementsystem geht Fragen nach wie »Sind die gültigen Pläne die richtigen?« und »Welcher Beitrag kommt aus den einzelnen Bereichen des Unternehmens?«. Ein gut geführtes Budget ist ein zukunftsorientiertes Dokument, das der Unternehmensleitung hilft, Trends zu erkennen, Jahresergebnisse zu prognostizieren und böse finanzielle Überraschungen zu vermeiden.

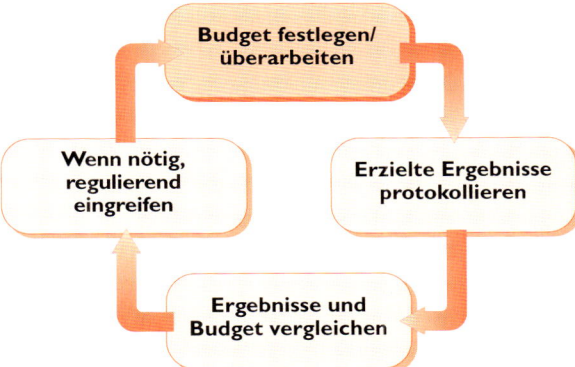

Budget festlegen/ überarbeiten

Erzielte Ergebnisse protokollieren

Ergebnisse und Budget vergleichen

Wenn nötig, regulierend eingreifen

FALLBEISPIEL

Video Visual arbeitet schon seit ein paar Jahren mit Budgets. Die Manager von Video Visual finden jedoch, der Prozess bedeute einen zu großen Aufwand an Zeit und wertvollen Managementressourcen. Ihre Branche ist dynamisch und immer am Puls der technischen Entwicklung, und ihre Zeit ist sehr knapp. Daher kommen sie selten dazu, viel mit dem Budget zu arbeiten, sobald es einmal fertig gestellt ist. Sie beob- achten nicht die tatsächlichen Entwicklungen und ein Vergleich der erbrachten Leistung mit dem Budget erfolgt nur sehr oberflächlich. Video Visual folgt nicht der logischen Reihenfolge der vier Schritte des Kontrollzyklus. Die Manager ziehen aus dem Budget des Vorjahres keine Lehren für das Folgejahr, somit ist auch nicht zu erwarten, dass die Budgetierung verbessert und der Nutzen für das Unternehmen vergrößert wird.

◀ PRAKTIZIERTES FEEDBACK

Aus Budgets zu lernen ist nicht zwingenderweise Zeit raubend. Die Manager müssen sich aber damit auseinander setzen, warum die Planzahlen nicht erreicht wurden und wie dies künftig geändert werden kann. Ein Budget zu erstellen und es dann nicht für Kontrollzwecke zu nutzen ist halb getane Arbeit. Beide Tätigkeiten gehören zusammen.

ABWEICHUNGEN BEOBACHTEN

Sie müssen die Abweichungen zwischen den tatsächlichen und den geplanten Ergebnissen analysieren, um Prioritäten für Folgemaßnahmen setzen zu können. Ausgabenüberschreitungen sind eine negative, Unterschreitungen eine positive Abweichung.

81 Legen Sie zu Beginn des Budgetierungsprozesses ein Berichtssystem fest.

82 Geben Sie solchen Abweichungen Priorität, die Nutzen versprechen.

83 Umreißen Sie Problembereiche in »Blitzreports«.

VERFAHREN EINFÜHREN

Beobachten Sie Abweichungen, und finden Sie heraus, wie sie entstanden sind. Abweichungen werden generell in Budgetfehler und unerwartete Abweichungen unterteilt. Ständige Kontrolle trägt dazu bei, die Kostenentwicklung besser zu verstehen, und das wiederum hilft ihnen, nächstes Mal exakter zu budgetieren. Für eine erfolgreiche Kontrolle brauchen Sie jedoch geeignete Verfahren. Die Erfahrung hat gezeigt, dass ein wirklich effizientes Verfahren regelmäßig, leicht durchführbar und detailliert genug sein muss.

ABWEICHUNGEN AUSWÄHLEN UND MESSEN

Definieren Sie signifikante Abweichungen. Die Entscheidung, welche Abweichung genauer zu untersuchen ist, sollte sich danach richten, welche am ehesten steuerbar ist, was ihre Untersuchung kosten würde und wie wahrscheinlich es ist, dass sie wieder auftritt. Die zentrale Frage dabei ist, warum eine bestimmte Abweichung untersucht werden soll und welche Maßnahmen Sie aus den gemessenen Werten ableiten werden. Lässt sich aus einer Abweichung keine praktische Maßnahme ableiten, brauchen Sie sie auch nicht zu messen.

WICHTIGE FRAGEN

F Mit welchem Verfahren messe ich Abweichungen?

F Sorgt es für regelmäßige, leicht durchführbare und hinreichend genaue Kontrolle?

F Bieten die gemessenen Abweichungen wirklich zukünftig nutzbare Informationen?

F Ist es sinnvoll, den Grund für die Abweichung finden zu wollen?

F Sind die Abweichungsberichte aufschlussreich und enthalten sie sinnvolle Vergleiche?

ABWEICHUNGSBERICHTE NUTZEN

Für die Erstellung von Abweichungsberichten gibt es keine festen Regeln oder Vorlagen. Weil es interne Unterlagen sind, können Sie die Gestaltung frei wählen, wobei Sie sie speziell auf Ihre Abteilung zuschneiden sollten. Berichte, die für eine Abteilung nützlich sind, können für eine andere wertlos sein. Versuchen Sie, die Berichte stilistisch einheitlich mit den Budgetunterlagen zu gestalten. Inhaltlich gesehen, haben Manager denkbar geringen Nutzen von übermäßig ausführlichen Budget- und Abweichungsberichten. Sie werden sie zu kompliziert finden und wenig damit arbeiten, sodass keine Leistungsverbesserung erzielt wird. Zusätzliche Spalten zeigen den absoluten und prozentualen Unterschied zwischen diesjährigem Budget und Vorjahresergebnis.

84 Bewerten Sie den Nutzen der Unternehmensberichte für sich.

85 Nehmen Sie Zahlen hinzu oder heraus, um die Flexibilität zu erhalten.

▼ TYPISCHER ABWEICHUNGSBERICHT
In jeder Abteilung sollte der Abweichungsbericht in das laufende, das budgetierte und das vorige Jahr unterteilt sein.

Die Ergebnisse werden als Abweichung im Vergleich zum Budget ausgedrückt.

In Überschrift: der Monat des Berichtsjahrs

Die Ergebnisse werden als Abweichung im Vergleich zum Vorjahr ausgedrückt.

POSTEN	ERGEBNIS EURO	BUDGET EURO	ABWEICHUNG EURO	%	VORJAHR EURO	ABWEICHUNG EURO	%
Heizung	1 200	1 300	100	8%	1 100	-100	-9%
Licht	500	550	50	9%	525	25	5%
Telefon	660	700	40	6%	650	-10	-2%
Porto	100	90	-10	-11%	110	10	9%
Briefpapier	200	180	-20	-11%	160	-40	-25%
Bücher	50	80	30	38%	50	0	0%
Versicherung	240	240	0	0%	220	-20	-9%

ABWEICHUNGSBERICHT DER ABTEILUNG, APRIL, 2. BERICHTSJAHR

Kostenträger wird genau benannt, um anschließende Analyse zu erleichtern.

Diskrepanz zwischen Ergebnis und Budget wird hier in Währungseinheiten ausgedrückt.

Diskrepanz zwischen Ergebnis und Vorjahr wird hier als Prozentsatz ausgedrückt.

BUDGETIERUNGSFEHLER ANALYSIEREN

Budgetierungsfehler entstehen bei schlechter Vorbereitung des Ausgangsbudgets. Der Umsatz ist geringer als erwartet, die Kosten sind außer Kontrolle. Es ist entscheidend, dass Sie herausfinden, wo Ihr Fehler lag, damit er nicht noch einmal passiert.

86 Ein typischer Fehler: Einnahmen zu hoch und Kosten zu niedrig angesetzt.

87 Prüfen Sie alles – kleine Abweichungen können große Beträge bedeuten.

DIE ZAHLEN UNTERSUCHEN

Mögliche Gründe für echte Budgetierungsfehler sind z. B. unter ungenügender Information festgelegte Budgetbeträge, mangelndes Verständnis der finanziellen Zusammenhänge im Unternehmen oder unzureichende Hinterfragung der Zahlen. Sie müssen die Gründe für die Fehlentwicklung suchen und sich folgende Fragen stellen:

● Welche Abweichungen werden bei der Kostenkontrolle am häufigsten entdeckt, was sind Ursachen und Folgen, was die Gegenmittel?

● Was sind die wichtigsten Abweichungen beim Verkaufserlös, welche Ursachen und Folgen haben sie, welche Gegenmittel gibt es?

Wenn Sie die Einnahmen- und Ausgabenabweichungen nach Preis-, Mengen- und Zeitaspekt einteilen, werden Sie weitere Hinweise auf mögliche Fehlerquellen erhalten.

FEHLER UNTERSUCHEN ▲
Konzentrieren Sie sich bei der Analyse von Fehlern auf die genaue Untersuchung der Gültigkeit der angesetzten Beträge.

88 Packen Sie das Problem an der Wurzel, statt sich in technischen Feinheiten der Abweichungsanalyse zu ergehen.

Bestätigung: Umsatz-
zahlen nach Produkt-
gruppen überprüft

Bestätigung:
Zahlungseingänge
nach Regionen
überprüft

Titel des
betreffen-
den
Berichts

Umsätze
sind
logisch
unterteilt.

	UMSÄTZE IN EURO	ZAHLUNGS- EINGÄNGE	INFORMATIONS- QUELLEN
UMSÄTZE NACH PRODUKT- GRUPPEN	✔		Jährlicher Verkaufs- bericht
UMSÄTZE NACH REGIONEN	✔	✔	Regionale Verkaufs- prognosen
UMSÄTZE NACH MÄRKTEN		✔	Buchhaltungs- bericht
ANDERE UMSÄTZE			

CHECKLISTE VERKAUFSERLÖSE ▲

Gehen Sie eine Checkliste durch, um die Fehlerquelle bei der Umsatzprognose ausfindig zu machen. So nähern Sie sich systematisch und logisch möglichen Erklärungen an.

AUSGABEN ANALYSIEREN

Gehen Sie bei der Untersuchung von Ausgabenabweichungen Schritt für Schritt vor. Um Ausgabenprobleme auf Erfolg versprechende Weise zu analysieren und anzugehen, stellen Sie sich folgende Fragen:

● Ist der Preis der verschiedenen Kostenträger höher oder niedriger als geplant? Gibt es ein Mittel gegen diese Preisabweichung, und welche finanzielle Wirkung wird es haben?

● Kaufen wir größere oder kleinere Mengen als geplant? Gibt es ein Mittel gegen diese Mengenabweichung, und welche Folgen würde es nach sich ziehen?

● Gibt es eine zeitliche Abweichung bei den Ausgaben? Ist sie zu beheben und zu welchem Preis?

EINNAHMEN UNTERSUCHEN

Hier müssen Sie sich immer wieder einige zentrale Fragen stellen. 1. Gibt es Preisabweichungen (d. h., kostet das Produkt mehr oder weniger Euro als geplant), welche Folgen haben diese Abweichungen für das Budget, und können sie behoben werden? 2. Gibt es Mengenabweichungen (d. h., verkaufen wir andere Stückzahlen als geplant), was bedeutet dies für das Budget, und wie kann man diese Abweichungen beheben? 3. Gibt es zeitliche Abweichungen (d. h., bekommen wir unser Geld nicht zur geplanten Zeit), welche Konsequenzen haben sie für den Cash-Flow?

NICHT VERGESSEN

● Alle Ausgabenarten im Kostenteil des Budgets sollten gründlich durchgesehen werden.

● Alle Einnahmequellen sind zu dokumentieren – nach Region, Produkt, Markt und Verkäufer.

● Abweichungen sollten Preis, Mengen oder Zeit zugeordnet werden, um leichter Abhilfe zu finden.

● Abweichungen sollten auf Ursache, Abhilfe und mögliche Folgen der Abhilfe untersucht werden.

● Nicht für alle Abweichungen gibt es einen logischen Grund oder ein patentes Gegenmittel.

UNERWARTETE ABWEICHUNGEN UNTERSUCHEN

In vielen Fällen treten Abweichungen auf, die unmöglich hätten prognostiziert oder verhindert werden können. Dass die Abweichungen unerwartet sind, bedeutet jedoch nicht, dass Sie nicht vielleicht etwas daran ändern oder aus den Folgen lernen können.

89 Geben Sie nicht Mitarbeitern die Schuld für unvorhersehbare Abweichungen.

90 Beschäftigen Sie sich nur mit den beeinflussbaren Abweichungen.

91 Verwechseln Sie schlechte Planung nicht mit schlechter Leistung.

ANDERE NICHT KRITISIEREN

Einer der größten Fehler bei der Abweichungsanalyse liegt darin, nach einem Sündenbock zu suchen, wenn der Plan verfehlt wird. Jemandem die Schuld für eine effektiv unvermeidbare Abweichung zu geben ist sehr demotivierend. Was hätte die Abteilung bei der Budgetierung anders machen können oder sollen? Auch wenn eine Abweichung absolut nicht vorherzusehen war, kann sie rückblickend leicht zu erklären sein. Um also konstruktiver mit unerwarteten Abweichungen umzugehen, sollten Sie tiefer greifende Zusammenhänge und keine Schuldzuweisungen suchen.

WICHTIGE FRAGEN

F Haben Sie bei der Erstellung des Budgets auch Abweichungsberichts- und Messungssysteme festgelegt?

F Wurden positive Abweichungen auf weiteres Nutzungspotenzial überprüft?

F Kombinieren Sie die Beobachtung von Abweichungen mit der Suche nach Ursachen und Abhilfen?

F Betrachten Sie die Abweichungen besonders, die für Ihr Geschäft sehr wichtig sind?

92 Behalten Sie den Überblick; betreiben Sie keine zu detaillierte Abweichungsanalyse.

DAS IST ZU TUN

1. Werden Sie nach den Analysen auch aktiv.
2. Untersuchen Sie auch positive Abweichungen.
3. Begnügen Sie sich nicht mit Alibierklärungen.
4. Prüfen Sie, ob eine Abweichung steuerbar ist.

93 Bedenken Sie: Vorausschau bringt mehr als Rückblicke.

STEUERBARE KOSTEN UNTERSUCHEN

Sobald die unerwarteten Abweichungen erkannt sind, können Sie eventuell einiges ausrichten. Steuerbare Kosten sind Ausgaben, die vom Budgetverwalter beeinflusst werden können. Ist dies der Fall, erwartet die Unternehmensleitung von Ihnen, dass Sie die Möglichkeit nutzen und die Ausgabe entsprechend anpassen. Nehmen wir z. B. an, ein Rohstoff habe sich im Laufe des letzten Planungszeitraums erheblich verteuert. An dem Preis können Sie zwar nichts ändern, aber Sie könnten sich nach einer preisgünstigeren Alternative umsehen. Wenn ein Mangel an Fachpersonal die Kosten in die Höhe treibt, gestalten Sie die Stelle so um, dass sie weniger Qualifikation erfordert. Auf Alternativen auszuweichen ist jedoch nicht Ihre einzige Möglichkeit. Sie können auch bei den frei bestimmbaren Kostenarten wie Werbung, Schulungen, Betriebsfeiern oder Sonderzahlungen kürzen.

PLANUNGS- UND BETRIEBSABWEICHUNGEN

Eine sinnvolle Art, unerwartete Abweichungen zu betrachten, ist die Unterteilung in Planungs- und Betriebsabweichungen. Budgets werden normalerweise ex ante erstellt, d. h. vor dem Bezugszeitraum. Sie enthalten Annahmen, die zum Zeitpunkt der Planung galten. Ein Ex-post-Budget wird nach dem Bezugszeitraum erstellt und soll rückblickend das bestmögliche Budget ermitteln, das erfüllbar gewesen wäre. Eine Planungsabweichung ist eine Abweichung von einem Ex-ante-Budget, das daraufhin in ein Ex-post-Budget geändert wird. Beispielsweise könnte eine Abweichung dadurch entstehen, dass das ursprüngliche Budget eine erhebliche Preissteigerung eines Rohstoffs infolge einer weltweiten Knappheit nicht vorgesehen hatte. Aus diesem Ex-ante-Budget würde ein Ex-post-Budget erstellt, das diesen Faktor für den betreffenden Budgetzeitraum einrechnet. Eine Betriebsabweichung wird festgestellt, indem man ein Ex-post-Budget mit den Ergebnissen des nachfolgenden, jetzigen Zeitraums vergleicht. Sie zeigt also, welche Leistung die Abteilung dem Rückblick zufolge erbringen könnte, was wohl eine durchaus vernünftige Anforderung ist.

ANPASSUNGEN VORNEHMEN

Nach der Bewertung der Budgetabweichungen sind Sie in der Lage, fundierte Entscheidungen über Anpassungen zu treffen. Der Vergleich der Ergebnisse mit dem Budget ist ein kontinuierlicher Prozess, die Anpassung des Budgets sollte es auch sein.

94 Passen Sie Ihr Budget an Änderungen des Umfelds an.

NEUE BUDGET-PROGNOSEN

Wenn interne oder externe Faktoren sich ändern, entfernen sich auch die Ergebnisse von den Budgetzielen. Es kann sehr frustrierend sein, wenn der Vergleich der beobachteten Leistung seiner Abteilung mit dem Budget eine immer geringere Rolle im praktischen unternehmerischen Alltag spielt. Daher ist es wichtig, dass Sie die Prognosen im Lichte der Veränderungen im Umfeld regelmäßig aktualisieren – meist vierteljährlich, wenigstens aber halbjährlich.

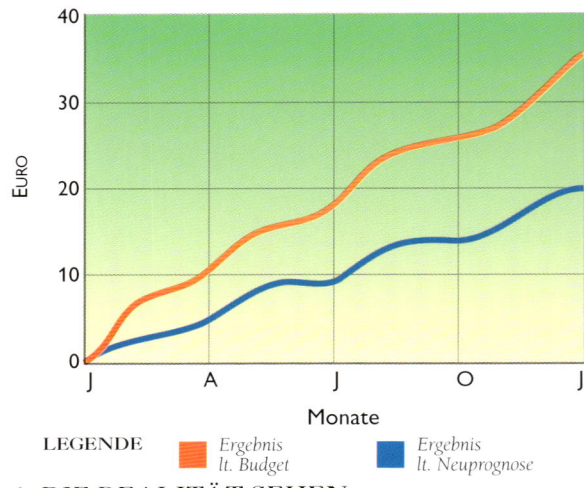

LEGENDE ▮ Ergebnis lt. Budget ▮ Ergebnis lt. Neuprognose

▲ **DIE REALITÄT SEHEN**
Der wachsende Abstand des ursprünglichen Budgets zur aktuellen Prognose bedeutet, dass das erste Budget keinerlei Bedeutung für Kontrollzwecke mehr besitzt.

FLEXIBLE BUDGETS

Ein flexibles Budget berücksichtigt die Betriebsrealität. Wenn der Absatz z. B. laut Budget 100 Stück beträgt, in Wirklichkeit aber nur 80, würde ein normales Budget nur feststellen, dass negative Abweichungen vorliegen. Ein flexibles Budget hingegen betrachtet die erwarteten Einnahmen und Ausgaben für die tatsächlich bestellte und produzierte Warenmenge, sodass ein exakterer Vergleich der erzielten Leistung mit dem Budget möglich wird.

95 Bedenken Sie die motivationsfördernde Wirkung einer Budgetkorrektur.

BUDGETS ÜBERARBEITEN

Achten Sie genau darauf, bei Budgetkorrekturen im Rahmen der flexiblen Budgetierung genauso sorgfältig und strukturiert vorzugehen wie beim ersten Budget. Oft sind zeitliche Verschiebungen bei zentralen Faktoren der Anlass für Anpassungen. Beispiele hierfür sind verspätete Zahlungseingänge, verschobene Markteinführungstermine, Wechselkursschwankungen, neue Kapitalanschaffungen oder unerwartete Lohnentwicklungen. Versuchen Sie, solche zeitlichen Verschiebungen vorauszusehen, und protokollieren Sie sie genau, damit Sie später ihren Einfluss auf das Budget bewerten und in der nächsten Periode vorsorglich einplanen können.

DAS IST ZU TUN

1. Überarbeiten Sie das Budget frühzeitig.
2. Geben Sie überholte Planziele auf.
3. Trauen Sie sich, die Zahlen zu ändern.
4. Seien Sie rigoros.
5. Vergleichen Sie mit flexiblen Budgets.
6. Erwägen Sie rollierende Budgets.

96 Fragen Sie sich: »Komme ich nicht zum Planen, weil ich zu wenig plane?«

ROLLIERENDE ▼ BUDGETS

Der Budgetperiode wird jeweils ein Monat hinzugefügt, sodass die Planung immer die kommenden zwölf Monate abdeckt.

ROLLIERENDE BUDGETS

Mit einem normalen Jahresbudget kommen Sie an einen Punkt, an dem das Budget nur noch die nächsten ein oder zwei Monate abdeckt. Einige Unternehmen benutzen daher rollierende Budgets, die kontinuierlich fortgeführt werden, indem nach jedem Ergebnisbericht ein bestimmter Zeitraum zum Budget hinzugefügt wird. Praktisch bedeutet dies, einen Monat oder ein Quartal an das Budget anzuhängen und dafür die gerade vergangenen ein oder drei Monate herausfallen zu lassen. Mangels Zeit oder Ressourcen ist die Qualität eines solchen Budgets oft jedoch geringer.

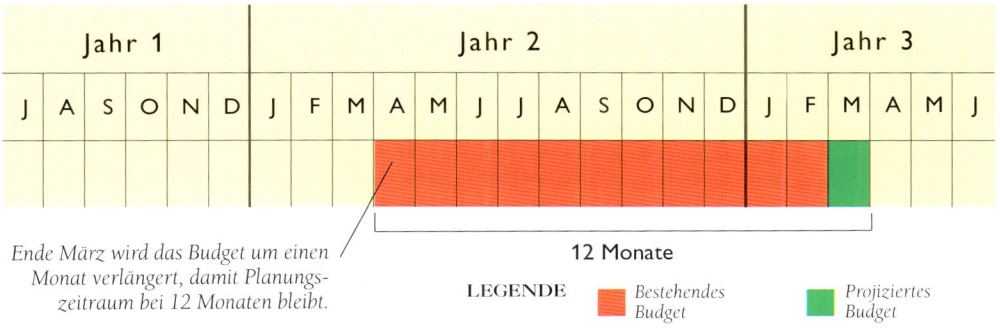

Ende März wird das Budget um einen Monat verlängert, damit Planungszeitraum bei 12 Monaten bleibt.

12 Monate

LEGENDE — Bestehendes Budget — Projiziertes Budget

PROBLEMATISCHE VERHALTENSWEISEN ERKENNEN

Im Rahmen des Budgetierungsprozesses werden Sie sich auch um die Mitarbeiter Ihrer Abteilung kümmern müssen. Der Erfolg Ihres Budgets steht und fällt mit der Kooperation aller Beteiligten in den verschiedenen Phasen des Budgetierungsprozesses.

97 Sehen Sie außer dem finanziellen auch den menschlichen Aspekt der Budgetierung.

98 Mitarbeitermotivation ist von großem Wert für Ihr Budget.

SICH ORGANISIEREN ▼
Um ein Budget als wichtiges Führungsinstrument zu nutzen, müssen Sie sich als motivierender, effizienter und gut organisierter Manager präsentieren.

MENSCHEN UND BUDGETS VERSTEHEN

Machen Sie sich bewusst, dass Ihre Mitarbeiter von zentraler Bedeutung für den Budgetierungsprozess sind und dass Budgetverfehlungen sie demotivieren können. Korrigieren Sie ein verfehltes Budget nicht durch kurzsichtige Änderungen, die die Belange Ihrer Mitarbeiter außer Acht lassen. Eine einfache Lösung zur Einhaltung des Finanzplans wäre z. B. die Kürzung der Ausgaben für Schulungen, aber das würde Ihre Mitarbeiter weiter demotivieren.

SCHLECHTE MANAGEMENTEIGENSCHAFTEN | GUTE MANAGEMENTEIGENSCHAFTEN

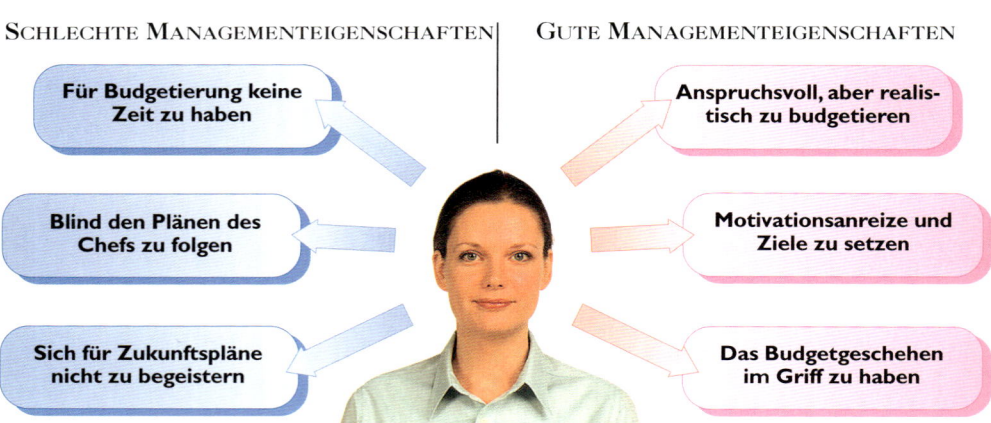

Für Budgetierung keine Zeit zu haben

Blind den Plänen des Chefs zu folgen

Sich für Zukunftspläne nicht zu begeistern

Anspruchsvoll, aber realistisch zu budgetieren

Motivationsanreize und Ziele zu setzen

Das Budgetgeschehen im Griff zu haben

MENSCHLICHE PROBLEME LÖSEN

Passen Sie Ihre Management-Kontrollsysteme Ihren Mitarbeitern an. Achten und reagieren Sie auf Verhaltensprobleme, die das Budget als Planungs- und Kontrollinstrument hervorrufen kann. Dazu einige Tipps:

- Die beste Mitarbeit erzielen Sie mit einem Ansatz, der auf Beteiligung und Befragung der Mitarbeiter basiert, im Gegensatz zu einem Budget, das von der Unternehmensleitung oktroyiert wurde.
- Erklären Sie wichtigen Mitarbeitern ausführlich Ihr Budget, was sie erreichen sollen und welche Leistung von ihnen erwartet wird.
- Zeigen Sie Anerkennung für erzielte Leistungen.
- Setzen Sie keine zu hohen oder zu niedrigen Ziele. Es kann die Mitarbeiter demotivieren, wenn ihre Leistungen an unerreichbaren Planzielen gemessen werden. Sie müssen beurteilen, was eine ausgewogene, erreichbare und motivierende Zielsetzung ist.

KULTURELLE UNTERSCHIEDE

In westlichen Ländern muss das Management in der Regel ein Motivationselement in das Budget einrechnen. In Ländern wie Japan liegt der Schwerpunkt eher auf der Kooperation und Motivation wird als selbstverständlich vorausgesetzt. In solchen Ländern ist es wenig Erfolg versprechend, wenn der Manager den Mitarbeitern sagt, was sie tun sollen.

99 Verbinden Sie Verantwortlichkeit mit Verantwortungsbewusstsein.

AUSREDEN AUFDECKEN

Jeder hat sie schon gehört – die Ausreden, mit denen man sich vor seiner Verantwortung drückt. Es ist wichtig, solche Ausflüchte von echten Rechtfertigungen unterscheiden zu können, denn die Verschleierung der Wahrheit kann dazu führen, dass das Budget nicht optimal erfüllt wird.

AUSREDE

Ich habe schwierige Kunden; die Zulieferer machen Probleme.

Ich brauchte wirklich jeden Pfennig aus diesem Budget.

WAHRER GRUND

Ich habe keine Zeit, ein ordentliches Budget zu erstellen, und nehme Budgetierung nicht ernst.

Ich meine, ich müsste alles ausgeben, sonst bekommt meine Abteilung nächstes Jahr weniger.

AUF BUDGETIERUNG AUFBAUEN

Einige Zeit nach der Aufstellung und der Kontrolle des Budgets sollten Sie zurückblicken und Lehren aus Ihren Erfahrungen mit der Budgetierung ziehen. Beginnend mit dem dritten Monat der Budgetperiode, sollten Sie dies regelmäßig wiederholen.

100 Lernen Sie aus jedem Budget, damit es nächstes Jahr noch besser wird.

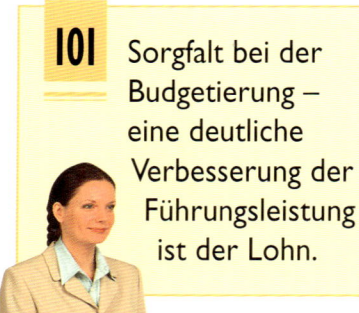

101 Sorgfalt bei der Budgetierung – eine deutliche Verbesserung der Führungsleistung ist der Lohn.

DAS BUDGET VORBEREITEN

Manchmal läuft der Betrieb genau nach (Budget-) Plan, oder es treten nur kleine, wirtschaftlich unerhebliche Diskrepanzen auf. Oft betragen die Abweichungen aber auch bis zu 10 %, dann sollten Sie nach den Ursachen suchen und dabei bis in die Vorbereitungsphase zurückgehen. Haben Sie die Vor- und Nachteile der Budgetierung abgewogen? Haben Sie sich umfassend über alle Budgetierungsarten und -verfahren informiert, die in Ihrem Unternehmen angewendet werden?

DAS BUDGET ERSTELLEN

Beurteilen Sie rückblickend Ihre Arbeit bei der eigentlichen Budgeterstellung. Sind bestimmte Muster in den Budgets erkennbar? In den meisten Fällen ist das ursprüngliche Budget meist himmelhoch überschätzt, die erste Überarbeitung gnadenlos pessimistisch und die Endversion einigermaßen dicht an der Realität. Überlegen Sie, wie Sie Ihre Erfahrung praktisch nutzen können. Haben bestimmte Mitarbeiter besonders gravierende Fehleinschätzungen abgegeben? Waren die Prognosen für bestimmte Produkte oder Regionen besonders schwer zu erstellen? War die Investitionsprognose besonders problematisch? Waren Sie insgesamt geschickt, oder hatten Sie auch Glück?

NICHT VERGESSEN

❋ Bewerten Sie, wie erfolgreich Sie waren, um sich nächstes Jahr noch zu übertreffen.

❋ Budgetverbesserungen erreichen Sie nur über einen logischen und strukturierten Ansatz.

❋ Jeder Mitarbeiter sollte während des gesamten Budgetierungsprozesses mit einbezogen werden.

❋ Sie sollten Ihre eigene Leistung und die Ihrer Abteilung offen und ehrlich bewerten.

❋ Erfolg oder Misserfolg des Budgets hängen entscheidend von Ihren Mitarbeitern ab.

DAS BUDGET KONTROLLIEREN

Wie gut haben Sie das Budget kontrolliert? Erfolgten die Überprüfungen nach gut aufgebauten und angewandten Verfahren, sodass Sie wussten, was wann geschehen war? Konnten Sie die erforderlichen Kontrolleingriffe wirksam durchführen? Hatten Sie vielleicht die Einnahmen oder Ausgaben absichtlich zu hoch oder zu niedrig angesetzt, um die Ergebnisse leichter erreichbar und die Kosten kontrollierbarer zu machen? Denken Sie über die Auswirkungen Ihres Vorgehens auf Ihre Abteilung und das Gesamtunternehmen nach. Sie haben damit eventuell die Budgetierung teilweise ihres ursprünglichen Sinnes beraubt. Was sollten Sie nächstes Mal ändern, damit dies nicht wieder vorkommt?

ERGEBNISSE BEWERTEN ▲

Konzentrieren Sie sich auf die Ergebnisse am Jahresende, überarbeiten Sie Ihre Prognosen ständig, und seien Sie nicht zu stolz, um aus Ihren Fehlern zu lernen.

IN DIE ZUKUNFT BLICKEN

Sie können Ihr Budgetmanagement wesentlich effizienter machen, indem Sie sich an ein durchdachtes Verfahren und an praktische Checklisten und Tipps halten. Doch auch dann kann etwas schief gehen – Menschen und Märkte ändern sich ständig. Aber Sie müssen sich bewusst machen, dass die Budgetierung unabhängig von solchen Änderungen weitergehen muss; als Manager haben Sie dafür zu sorgen, dass sie jedes Jahr effizienter wird.

▼ DIE SITUATION UMKEHREN

Es reicht nicht, ein Budget nur aufzustellen. Sie müssen es mit den richtigen Methoden vorbereiten und sicherstellen, dass alle Beteiligten diese verstehen. Nur wenn alle zusammenarbeiten, kann das Budget ein erfolgreiches Führungsinstrument sein.

FALLBEISPIEL

Im ersten Jahr seines Bestehens arbeitete das Unternehmen Growth.com mit einem Budget, das die Manager zum Teil nicht verstanden. Bei der ersten Budgetierung entstanden zahllose Probleme: Fristen wurden nicht eingehalten, falsche Zahlen benutzt und die Gesamtqualität des Budgets ließ einiges zu wünschen übrig. Die Unternehmensleitung drängte die Manager, Lehren aus dieser Erfahrung zu ziehen

und ein erneutes Fiasko im Folgejahr zu verhindern. Es wurde beschlossen, eine Schulung zum Thema Budgetierung durchzuführen. Die Manager lernten, wie wichtig es ist, sich an Termine zu halten, die Mitarbeiter zu informieren und zu Rate zu ziehen, realistische Zahlen vorzulegen und die Budgets gründlich zu kontrollieren. So konnte im zweiten Jahr die Situation umgekehrt werden: Das zweite Budget wurde ein voller Erfolg.

DIE EIGENEN FÄHIGKEITEN TESTEN

Dieser sehr einfache Test wird Ihnen helfen, Ihre Arbeit zu beurteilen. Das Wichtigste daran ist, dass Sie den Zusammenhang zwischen Ihren Stärken und Schwächen herstellen. Seien Sie ehrlich zu sich selbst. Kreuzen Sie möglichst 1 oder 4 an, und 2 oder 3 nur, wenn Sie sich unsicher sind. Addieren Sie Ihre Punkte, und lesen Sie die Auswertung auf S. 69. Das dort umrissene Profil zeigt Ihnen vielleicht neue Wege auf, die Sie einschlagen könnten.

AUSWAHL

1 Nie

2 Gelegentlich

3 Oft

4 Immer

1 Ich plane sehr detailliert die Aktivitäten meiner Abteilung im nächsten Jahr.

1   2   3   4

2 Ich kenne die Vorteile und Nachteile der Verwendung von Budgets.

1   2   3   4

3 Ich betrachte das Budget zunächst im Zusammenhang des Gesamtunternehmens.

1   2   3   4

4 Ich benutze Budgets als Verfügungsberechtigung und als Leistungsmaßstab.

1   2   3   4

5 Budgetierung und Budgetkontrolle sind kontinuierliche, ganzjährige Prozesse.

1   2   3   4

6 Ich erachte Planung als sinnvoll, auch wenn die Zukunft sehr ungewiss ist.

1   2   3   4

7 Ich stelle meiner Abteilung meine Pläne vor und höre mir die Meinungen an.

| 1 | 2 | 3 | 4 |

8 Ich kann die Anforderungen des Unternehmens und persönliche Ziele trennen.

| 1 | 2 | 3 | 4 |

9 Ich wähle ein Budgetierungsmodell, das für meine Abteilung geeignet ist.

| 1 | 2 | 3 | 4 |

10 Ich weiß um alle Stärken und Chancen meiner Unternehmung.

| 1 | 2 | 3 | 4 |

11 Ich schlage im Budgetierungshandbuch nach, wenn ich die Zahlen ausarbeite.

| 1 | 2 | 3 | 4 |

12 Ich kenne die Rolle des Budgetierungsausschusses und seine Bedeutung für mich.

| 1 | 2 | 3 | 4 |

13 Ich verwende bevorzugt standardisierte Budgetierungsformulare.

| 1 | 2 | 3 | 4 |

14 Ich nutze im gesamten Prozess auch die Kompetenz der Kollegen.

| 1 | 2 | 3 | 4 |

15 Ich betrachte ausführlich die möglichen Auswirkungen externer Faktoren.

| 1 | 2 | 3 | 4 |

16 Ich weiß, welcher Faktor für die Abteilung begrenzend wirkt und wie ich das ändere.

| 1 | 2 | 3 | 4 |

17 Ich bewerte bei Einnahmen voraussichtliche Arten, Beträge, Zahlungseingänge.

1   2   3   4

18 Ich checke die Ausgabenliste vom Vorjahr, um keinen Kostenträger zu vergessen.

1   2   3   4

19 Ich nutze Kenntnisse der fixen und variablen Kosten für die Ausgabenprognose.

1   2   3   4

20 Ich erstelle mein Budget anhand der Output/Input-Methode.

1   2   3   4

21 Ich fange eher bei null an, als die Vorjahreszahlen anzupassen.

1   2   3   4

22 Ich bewerte die Auswirkungen von Investitionen auf meine Abteilung.

1   2   3   4

23 Ich kenne das Verfahren der Cash-Flow-Prognose und verwende es.

1   2   3   4

24 Ich will in den iterativen Konsolidierungsprozess einbezogen werden.

1   2   3   4

25 Ich bereite mich auf den Budgetierungsausschuss gut vor und beteilige mich aktiv.

1   2   3   4

26 Mein Vorgehen: Ziel setzen, Ergebnis feststellen, vergleichen, kontrollieren.

1   2   3   4

27 Ich entscheide, welche Abweichungen als Nutzen versprechend untersucht werden.

| 1 | 2 | 3 | 4 |

28 Ich gehe bei der Beseitigung von Budgetabweichungen konsequent vor.

| 1 | 2 | 3 | 4 |

29 Ich kann schlechte Prognosen von schlechter Arbeit unterscheiden.

| 1 | 2 | 3 | 4 |

30 Ich ändere mein Budget, wenn die erzielten Ergebnisse erheblich davon abweichen.

| 1 | 2 | 3 | 4 |

31 Ich kenne die Bedeutung des menschlichen Aspekts im Budgetierungsprozess.

| 1 | 2 | 3 | 4 |

32 Ich lerne aus jedem Budget, damit das nächste noch besser wird.

| 1 | 2 | 3 | 4 |

AUSWERTUNG

32–63 Punkte: Ihr Mangel an Budgetierungskompetenz sollte Sie veranlassen, Ihren Budgetierungsansatz zu überprüfen. Lesen Sie in den einschlägigen Kapiteln dieses Buches das Grundwissen über Ihre Rolle und über geeignete Budgetierungsverfahren nach.

64–95 Punkte: Sie haben beachtliche Fortschritte gemacht; Ihre Arbeit verrät einige Kompetenz. Bemühen Sie sich aber, Schwachpunkte anzugehen, damit Ihre Budgets noch besser werden.

96–128 Punkte: Sie sind geübt und kompetent im Umgang mit Budgets, aber ruhen Sie sich nicht auf Ihren Lorbeeren aus. Denken Sie daran, dass Ihre persönliche Entwicklung so wie die Ihres Budgets ein kontinuierlicher und immer wieder neuer Prozess ist.

REGISTER

DANK

DANK DES AUTORS

Ich danke den Herausgebern und den Designern von Studio Cactus und
Dorling Kindersley für das Engagement und die Professionalität,
mit der sie dieses Projekt durchgeführt haben.

DANK DES VERLAGS

Dorling Kindersley dankt folgenden Beteiligten für ihre Hilfe und Unterstützung:

Lektorat Jane Simmonds; **Register** Hilary Bird; **Korrektorat** John Sturges;
Fotos Steve Gorton, Richard Parsons; **Foto-Assistenz** Andrew Komorowski.

Fotomodelle Roger Andre, Philip Argent, Angela Cameron, Kuo Kang Chen, Carole Evans,
John Gillard, Ben Glickman, Richard Hill, Maggie Mant, Frankie Mayers,
Chantal Newall, Kiran Shah, Lynne Staff; **Make-up** Nicky Clarke.

Besonderer Dank gilt folgenden Beteiligten für ihre Mitarbeit an der gesamten Reihe:
Ron und Chris von Clark Davis & Co. für den Bürobedarf und das Mobiliar,
Pam Bennett und Mitarbeitern von Jones Bootmakers, Covent Garden,
für die zur Verfügung gestellten Schuhmoden,
Alan Pfaff und Mitarbeitern von Moss Bros, Covent Garden,
für die zur Verfügung gestellten Anzüge,
David Bailey für seine Hilfe und seine Zeit,
Graham Preston und Mitarbeitern von Staverton.

Bezugsquellen Apple Computer UK Ltd., Cadogan and James, Gieves and Hawkes,
Mucci Bags, Positive (Computing), Viper Microsystems.

Fotorecherche Andy Sansom; **Fotoarchiv** Melanie Simmonds.

BILDNACHWEISE

Der Verlag dankt für die freundliche Erlaubnis zum Abdruck der Abbildungen:

Legende: u = unten; m = Mitte; l = links; r = rechts; o = oben
PowerStock Photolibrary/Zefa: 4, 6; **Rex Interstock**: Alexander Caminada Umschlagvorderseite, l;
Superstock Ltd: 36; **Telegraph Colour Library**: Bavaria Bildagentur 56.

DER AUTOR

Stephen Brookson wurde bei KPMG zum Buchhaltungsfachmann bestellt
und arbeitete für Ernst&Young, bevor er sich mit einer Management- und
Fortbildungsberatung selbständig machte. Er hat in zahlreichen Ländern
Schulungen und Seminare gehalten und ist der Autor
von »Mastering Financial Management«.